2022年度安徽省高等学校科学研究项目（哲学社会科学类）重点项目“‘双碳’目标下数字经济赋能安徽省制造业转型升级的机制与政策研究”（项目批准号2022AH051024）成果；
安庆师范大学学术著作出版基金资助

技术进步偏向对劳动收入份额的影响研究

曹张龙◎著

安徽师范大学出版社
ANHUI NORMAL UNIVERSITY PRESS
·芜湖·

图书在版编目(CIP)数据

技术进步偏向对劳动收入份额的影响研究 / 曹张龙著. — 芜湖:安徽师范大学出版社,2022.12

ISBN 978-7-5676-5773-1

Ⅰ. ①技… Ⅱ. ①曹… Ⅲ. ①技术进步 - 影响 - 劳动报酬 - 研究 - 中国 Ⅳ. ①F249.24

中国版本图书馆CIP数据核字(2022)第173161号

技术进步偏向对劳动收入份额的影响研究 曹张龙◇著

责任编辑:孔令清　　责任校对:吴毛顺　管健行

装帧设计:张德宝　冯君君　　责任印制:桑国磊

出版发行:安徽师范大学出版社

芜湖市北京东路1号安徽师范大学赭山校区　　邮政编码:241000

网　　址:http://www.ahnupress.com

发 行 部:0553-3883578　5910327　5910310(传真)

印　　刷:江苏凤凰数码印务有限公司

版　　次:2022年12月第1版

印　　次:2022年12月第1次印刷

规　　格:700 mm × 1000 mm　1/16

印　　张:11

字　　数:180千字

书　　号:ISBN 978-7-5676-5773-1

定　　价:43.00元

目 录

第一章 绪 论

第一节 选题背景与研究意义

一、选题背景

从1978年实行改革开放，我国经济发展所取得的成就令人瞩目，进入经济新常态之前，经济一直保持着高速增长的态势。然而，在中国经济高速增长的背后，同时存在着许多挑战，比如环境污染严重、经济结构性矛盾突出、就业压力较大、内需不足、居民收入差距过大等。居民收入差距过大是影响我国经济健康发展及社会稳定的突出问题，而劳动收入在总收入中的占比过低是导致居民收入差距过大的重要因素，这是因为劳动收入在总收入中的占比属于要素的初次分配。对于大多数人来说，其收入来源主要依靠劳动，并不是依靠资本或财富，故初次分配中劳动收入份额过低对居民收入差距过大有较大的直接影响。虽然我国经济总量增长较快，但令人遗憾的是我国劳动收入份额出现长时间下滑与低位徘徊的特征。总体来说，20世纪90年代中期以后，我国劳动要素的收入在总收入中占比表现出如下三个较为典型的特点：第一，劳动收入份额从1996年之后出现了一定程度的下滑趋势。根据新古典经济学增长理论，要素收入份额保持稳定是经济增长的典型事实，然而从20世纪90年代中期之后，我国很长一段时间内劳动收入份额总体在降低，根据GDP收入法计算的劳动收入份额1996年为53.4%，2007年只有39.7%，在这期间下降了大约13.7个百分点，跌幅接近25.7%。第二，我国劳动收入份额在较长时间里一直处于低水平徘徊状态。我国劳动收入份额虽然自2007年之后有所提高，但直到2017年大约也只有47%，这比世界平均占比55%低很多。第三，我国劳动收入份额表现出的区域差异十分突出，经济欠发达省份的劳动收入份额相对较高，而经济发达省份劳动收入份额相对较低。

表1.1 1991—2017年我国劳动收入份额

年份	劳动收入份额	年份	劳动收入份额	年份	劳动收入份额
1991年	0.5216	2000年	0.5138	2009年	0.4642
1992年	0.5009	2001年	0.4823	2010年	0.4501
1993年	0.5067	2002年	0.4775	2011年	0.4494
1994年	0.5115	2003年	0.4616	2012年	0.4559
1995年	0.5284	2004年	0.4155	2013年	0.4587
1996年	0.5340	2005年	0.4140	2014年	0.4651
1997年	0.5279	2006年	0.4061	2015年	0.4789
1998年	0.5314	2007年	0.3974	2016年	0.4746
1999年	0.5238	2008年	0.4647	2017年	0.4751

注：作者根据收集的数据测算得到。

劳动收入份额长期偏低对经济发展有较大的负面影响。首先，劳动收入份额问题属于要素初次分配领域的问题，而全社会收入二次分配的前提是生产要素的初次分配，初次分配失衡势必影响二次分配，并对社会贫富差距产生直接影响。其次，从扩大内需的角度看，由于现阶段大多数人的收入来源主要依靠劳动收入，依靠财富或资本作为主要收入来源的人占比较小，所以劳动收入份额偏低必然会使社会总消费的数量和质量受到影响，从而对进一步扩大内需与促进需求升级有一定的负面效应，这对经济新常态下挖掘经济增长的新动力极为不利。最后，从优化经济结构角度看，劳动收入份额长期偏低一方面会直接导致经济体的消费总量下降，另一方面会使得经济体的储蓄总量上升过快，这些储蓄绝大部分将转变为企业的投资支出，最终经济体就会出现消费低迷、储蓄过高、投资过度的特征，这显然不利于经济结构的优化和经济长期健康发展。正是由于以上几点原因，探索劳动收入份额的影响因素及影响机制成为劳动收入份额研究领域的一个热点。改善劳动收入分额的关键是找到其主要影响因素，并采取一定的措施来提升劳动收入份额。探索劳动收入变动的影响因素成为国内外学术界研究的热点问题，而技术进步偏向作为一个重要的因素受到了广泛的关注，这主要是因为基于投入产出理论，要素收入的分配结构是由生产投入决定的，生产投入又涉及要素的投入结构以及与之相匹配的技术选择。然而，在要素禀赋既定的条件下，技术进步并不一定会以相同的速度来提高每一种要素的效率，当技术进步对不同要素的效率产生非对称性影响时，技术进步便呈现出一定的偏向性，因此，技术进步偏向因素在现有文献考虑的所有因素中对劳动收入份额变动的解释能力相对较大。

早期的研究认为，技术进步呈现中性特征，但随着已有文献研究的深入，人们逐渐发现，现实中的技术进步并非总是呈现中性特征，而是呈现一定的要素偏向特征。阅读大量研究文献发现，从1978年实行改革开放，我国资本要素的积累速度十分迅速。以1978年不变价格计算，1978年人均资本存量约为1010元，到2017年人均资本存量约为44082元，提高了约42倍。由于在生产中技术往往与资本结合在一起被使用，所以我国技术进步相对来说更加偏向资本，这意味着技术对资本边际产出的提高效应更大。如果在研究劳动收入份额变动的决定因素时，忽视了技术对资本和劳动两种要素所产生的不同影响，这就很难真正把握研究问题的关键因素。如果在劳动收入份额变动的所有决定因素中，技术进步偏向因素比较关键，那么要改善劳动收入份额，应该先明确几点：我国技术进步偏向本身又是由什么导致的？我国劳动收入份额变动在多大程度上是被技术进步偏向决定的？非技能劳动与技能劳动的收入份额受到技术进步偏向的影响是否完全一样？我国劳动收入份额所表现出的区域差异是否与技术进步偏向因素有较大关系？因此，本研究针对技术进步的资本偏向特征或劳动偏向特征，首先深入分析了我国技术进步偏向的决定因素；然后测算了我国劳动收入份额变动在多大程度上是被技术进步偏向决定的，并探究了非技能劳动与技能劳动的收入份额受技术进步偏向的影响规律；最后从技术进步偏向角度，并基于经济地理学理论去分析劳动收入份额的区域差异特征。另外，在本书的研究结论中，基于技术进步偏向因素提出了改善我国劳动收入份额的几点有效对策。具体来说，本书在写作过程中主要考虑和解决如下几方面的问题：

第一，从实证层次深入考察技术进步偏向的大小，并从技术进步偏向对整体劳动收入份额的贡献程度进行量化分析。

第二，根据本研究的计算，在只考虑资本和劳动两种要素的情况下，我国技术进步更加偏向资本。如果不存在外源性影响因素的干扰，那么导致技术进步偏向于资本的内源性影响因素是什么？其对技术进步偏向的影响具有什么样的特征？

第三，除了经济体自身的内源性影响因素外，如果技术能够从发达地区传递到欠发达地区，那么技术进步偏向会不会也从发达地区扩散到欠发达地区？如果技术进步偏向确实存在空间扩散现象，其又存在怎样的空间扩散特征？

第四，在人们对人力资本进行大量投入的今天，个体的受教育程度、技能掌握情况和工作经验等存在较大差异，因此，劳动力表现出显著的异质性，企业对技能劳动和非技能劳动的需求明显不同。如果在劳动收入份额变动的所有决定因素中，技术进步偏向因素比较关键，那么对技能劳动和非技能劳动的收入份额来说，二者受到技术进步偏向的影响又有什么不同？也就是说，如果技术进步偏向对我国劳动收入份额总体上产生了较大的负向影响，那么其对技能劳动与非技能劳动收入份额是否都存在不利影响？

第五，如果技术进步偏向随着技术的空间转移从发达地区扩散到欠发达地区，那么这一特征是否能导致其对劳动收入份额的变动产生空间溢出效应？这对我国劳动收入份额所表现的地区差异又会产生怎样的影响？为此，本研究基于技术进步偏向的空间扩散效应进一步分析其对劳动收入份额影响的区域差异。

二、研究意义

第一，大量文献证实技术进步并非完全是中性，而是存在一定的要素偏向特征，但技术进步偏向产生的原因并没有被学界所关注，本研究基于技术进步偏向的含义分析技术进步偏向产生的原因。首先从内源性影响因素入手，从理论上探索了技术进步偏向受要素价格扭曲的影响，并利用面板门限模型证实了在技术匹配度的合理范围，技术进步偏向受要素价格扭曲的影响较小；而在技术匹配度的合理范围之外，其受到的影响较大。这一研究结论丰富了已有文献关于技术进步偏向成因的研究。

第二，考虑到经济一体化程度越来越强，本研究还从理论上分析了技术进步偏向在不同地区之间的空间扩散效应，并利用面板平滑迁移模型分析了技术进步偏向的空间扩散特征。结果发现，技术进步偏向的空间扩散并不是以简单的线性方式进行，而是呈现出明显的非线性特征。这一研究结论拓展了已有研究文献关于技术进步偏向成因的认识。

第三，现有关于劳动收入份额的研究尽管考虑了技术进步偏向的作用，然而已有文献主要集中在研究技术进步偏向对我国劳动收入份额变动总体上的影响，很少有文献研究技术进步偏向对非技能劳动收入份额和技能劳动收入份额的不同影响。本研究首先利用常替代弹性（CES）生产函数模型量化分析了技术进步偏向对我国劳动收入份额变动的贡献程度，接着利用双层嵌套形式的常替代弹性生产函数模型分析了技术进步偏向对非技能劳动收入份额和技能劳动收入份额的不同影响，并利用动态面板数据模型和联立方程组模型对以上结论进行了实证检验。这进一步加深了技术进步偏向对劳动收入份额变动影响的研究。

第四，我国劳动收入在总收入中的占比明显有违“卡尔多事实”的现象已经被许多文献所关注，然而劳动收入份额的地区差异却被不少文献忽视了。本研究通过理论分析，论证了如果技术进步能够从发达地区扩散到欠发达地区，那么技术进步偏向也会从发达地区扩散到欠发达地区。基于技术进步偏向能够从发达地区向欠发达地区进行空间扩散，本研究利用空间杜宾模型分析了技术进步偏向不仅仅局限于影响本地区的劳动收入份额，还对邻近地区的劳动收入份额存在显著的负向空间溢出效应。这进一步拓展了已有文献关于劳动收入份额呈现区域差异的研究。

第五，除了以上几点理论意义外，本书的研究还有重要的现实意义。研究劳动收入份额变动的决定因素有助于消除收入差距过大、挖掘现阶段经济增长新动力以及优化经济结构。

第二节　文献综述

与本研究有关的文献涉及两个方面，一是有关劳动收入份额变动的决定因素，二是技术进步偏向产生的原因。以下分别对这两个方面的文献进行系统梳理，以期通过对已有文献研究成果的总结，为后续研究提供借鉴和指导。

一、关于劳动收入份额变动的决定因素

在新古典经济学理论框架下，每一种要素收入在总收入中的比重都是比较稳定的，这就是经济增长的“卡尔多事实”。然而从1980年以来，国外学者发现，许多发达国家的劳动收入份额出现持续下滑现象；同时，国内学者也发现从20世纪90年代中期以来，我国的劳动收入在总收入中的占比也不稳定，下滑趋势明显。现有文献对劳动收入份额变动的原因进行了大量研究，总体来看，劳动收入份额变动的决定因素主要归纳为以下几个方面。

（1）经济结构变迁。

这类文献认为，在经济发展过程中，经济结构发生变化后，劳动收入份额也会随之发生变动。Serres（2002）、Morel（2005）、Boldrin & Ruiz（2006）等按照Solow（1958）提出的结构分解法对劳动收入份额进行分解后发现，由于在经济发展过程中不同产业的比重总是发生变化，而其劳动收入占比也各不相同，故产业结构随经济发展而发生改变后，经济体的劳动收入份额也会发生改变。白重恩等（2009）采用结构分解的方法分析了1995—2009年我国劳动收入份额的变动情况，并将其分解为产业间变动和产业内变动，结果发现，我国约61.3%的劳动收入占比变动是由产业间变动引起的。罗长远等（2009）运用结构分解法也得出了类似的结论，但认为在不同阶段产业间效应和产业内效应有所差异，在1993—1996年间劳动收入份额主要受产业内效应影响，其解释力度约为63.5%。李稻葵等（2009）通过构建一个包含农业和工业的劳动力转移模型来研究我国劳动收入在总收入中占比的变动，结果认为，经济体进行工业化的过程中，劳动收入份

额刚开始会不断降低，到达某一最低点后，又会不断提高，在整个变化过程中接近一种U型特征；并认为我国劳动收入的变动与这一特征相符，在中国工业化过程中，随着劳动力不断从农业转向工业，劳动收入份额在经过拐点之后最终会上升，但目前处于下行阶段。罗长远（2009）运用1987—2004年我国省际面板数据研究后认为，随着经济发展水平的提高，我国劳动收入份额刚开始也是不断降低，到达某一最低点后，又会不断提高，在整个变化过程中也表现出一种U型特征，即劳动收入份额与经济发展水平之间存在U型关系；并认为产生这一结果的原因是随着中国经济发展水平的提高，中国农业部门规模与工业部门规模此消彼长，所以我国劳动收入份额表现出的变化规律最终决定因素是我国产业结构变迁。龚刚、杨光（2010）研究认为，中国的非农部门劳动收入份额低于农业部门劳动收入份额，在中国二元经济结构下，虽然劳动生产率有所提高，但在劳动力无限供给的情况下，工资上涨不明显，劳动生产率提高产生的收益主要转化为资本收益，故劳动收入份额下降。翁杰（2011）认为，中国农村劳动力大规模转移到非农部门是劳动收入份额整体下滑的重要原因。刘亚琳等（2018）通过构建一个一般均衡模型分析经济结构变化对劳动收入份额的影响，数值模拟显示，当考虑2008年金融危机的外部冲击之后，模拟结果与中国劳动收入份额的演变过程拟合度较高，因而，经济结构转型和金融危机两者的共同作用导致了中国劳动收入份额的变化趋势。周茂等（2018）创造性地构建了一个产业结构升级的指标，并发现产业结构升级不仅不是劳动收入份额下降的原因，还对其提升具有促进作用；进一步通过对作用机制的分析，发现这是产业结构升级影响下资源再配置所产生的结果。

（2）市场结构因素。

这里是指产品市场或者生产要素市场并不是理想中的完全竞争情形，而是存在某种程度的垄断，这对劳动收入占比的变动有很大影响。Blanchard（1997）、Giammarioli（2002）、Bentolila & Saint-Paul（2003）等认为产品市场不完全竞争程度越大，企业所得的垄断利润越大，即资本收入份额增加，劳动收入份额减少。Blanchard（2003）认为，产品市场的垄断程度决定了垄断利润的大小，劳动力市场上工人的谈判能力与资方的谈判能力决定了垄断利润的分配结构，当工人的谈判能力降低时，劳动收入份额减少。Blanchard & Giavazzi（2003）、Bassanini & Duval（2006）、Schneider（2011）研究认为，如果劳动力市场受到更多的管制，这会引起劳动收入份额降低。白重恩等（2009）利用1998—2005年中国工业企业数据分析了我国劳动收入份额，结果认为，产品市场垄断及国有部门改制通过垄断利润影响了我国工业部门劳动收入份额，而且国有部门改制和市场垄断对我国工业部门劳动收入份额的影响程度分别为60%和30%。周明海、肖文（2010）利用世界银行2003年中国企业调查数据分析了企业异质性的影响，结果认为，我国在经济转型过程中许多企业的所有制结构发生了较大变化，比如国企改制、民营化和外资进入等，使得相应企业的劳动收入份额降低。伍山林（2011）通过构建劳动力异质性和企业异质性的微观经济模型分析了劳动收入份额的决定机制，结果表明，企业制度变迁和市场垄断使其不断下降。简泽等（2016）研究认为，由于产品市场垄断和劳动力市场不完善的联合市场结构，垄断利润大部分被资本获得，故劳动收入份额偏低。章上峰等（2016）构建了一个包含市场扭曲因素与技术进步偏向因素的经济模型，结合我国数据，研究后认为，技术进步偏向方面的因素并不能解释我国劳动收入份额的变动，市场扭曲方面的因素才是主导因素。

（3）融资约束方面的因素。

罗长远等（2012）研究认为，国有企业相对来说受融资约束的影响较小，民营企业受到的影响相对较大，并且民营企业的劳动收入份额最终因此而下降。汪伟（2013）认为，1995年之后，中国金融环境对中小企业融资不利，中小企业融资约束收紧，在外源性融资较为困难的情况下，大量中小企业不得不进行内源性融资，同时这些中小企业将大部分利润留存起来，不予以分配，所以劳动收入份额降低。祝树金等（2016）在进一步区分内源性融资约束和外源性融资约束的基础上，利用中国工业企业数据分析了劳动收入份额变动，结果认为，这两类融资约束对其影响并不完全相同，内源性融资约束对其存在不利影响，且非国有企业的负向效应更为显著，然而，外源性融资约束却对其存在有利影响。

（4）开放因素。

这里主要是指国际贸易或国际资本流动的影响。关于国际贸易对劳动收入份额影响的相关文献数量较多，Harrison（2002）利用跨国数据分析了全球化的影响，结果认为，全球化使得资方议价能力提高，而劳方议价能力降低，最终不利于劳动收入份额的提升。而Diwan（2000，2001）研究认为，全球化的影响对不同国家有所差异。姜磊等（2008）利用中国省际面板数据分析了对外贸易的影响，结果表明，进口与出口的影响效应并不相同，其中进口产生负向影响，而出口产生有利影响。但肖文等（2010）利用企业数据得出了相反的结论，并认为出口贸易对其存在不利影响。白重恩（2009）、罗长远等（2009）研究表明，出口的影响并不显著。但在另一篇文献中，白重恩等（2010）得到的结论有所差异，他认为我国劳动收入在总收入中的占比受经济开放的作用后有了明显的提升。赵秋运等（2012）也认为国际贸易的影响是负向的。张杰（2012）专门针对我国制造业劳动收入份额受对外贸易的影响进行了深入研究，并认为出口对其产生显著的抑制作用，而中国特殊的出口模式是导致这一现象的原因，故想要扭转制造业劳动收入份额下滑趋势，应改变制造业在全球价值链中的低端地位。余淼杰等（2014）利用贸易企业在1998—2007年的微观数据分析了贸易自由化的影响，结果表明，贸易自由化可以使得资本成本、中间投入及从国外引进技术的费用更低，因此贸易自由化的影响为负向。蒋为、黄玖立（2014）认为，全球化的影响十分关键，其将2000—2011年我国省际面板数据作为研究样本，结果发现，我国劳动收入份额受国际生产分割的影响且出现明显的降低，究其原因，主要与中国在国际分工中较低的分工地位有关。李卓等（2014）分析了中国贸易开放为何与要素禀赋理论的预期相悖，结果认为，以加工贸易为主的贸易结构使得中国贸易资强劳弱的局面得到固化，其虽然可以吸纳大量廉价劳动力，但对劳动报酬提升不利。

随着经济一体化程度提高，大量文献关注到了外商直接投资（FDI）的影响。罗长远等（2009）研究认为，外商直接投资（FDI）可以产生明显的负向效应，这主要是由于地方政府为吸引外资进入而对外资给予优惠待遇，同时弱化了本地区劳动力的议价能力。邵敏等（2010）利用我国1985—2003年工业行业面板数据深入分析了外商直接投资的影响，结果认为，在样本期内，外商直接投资的解释能力较大，且主要与工资溢出效应有关。唐东波（2011）构建了一个考虑劳方与资方谈判相对能力的劳动收入份额决定模型，并以此分析全球化的影响，结果表明，贸易规模扩大可以有利于劳动收入份额提高，但外商直接投资却不利于劳动收入份额的提升。郭玉清等（2012）构建了一个经济模型研究外商直接投资的影响，该模型包括农业和工业两个部门，研究结果认为，外商直接投资的影响表现为倒U型规律，且外商直接投资的影响依次受就业效应和技术效应主导。

（5）要素投入因素。

这里主要是指劳动投入或资本投入的影响。Diwan（2000）运用跨国数据分析资本积累的影响后认为，在发达国家，资本积累促进了劳动收入份额提高，这主要是因为资本存量越高，劳动力的议价能力越强；但在发展中国家，资本积累存在负向作用，这是由于在发展中国家，劳动只有在收入份额中占有较小的比例才能吸引资本进入。但Harrison（2002）利用跨国数据研究认为，资本要素和劳动要素之间并不能相互替代，且资本劳动投入比越高，劳动收入份额越高；资本劳动投入比越低，劳动收入份额越低。Bentolila和Saint-Paul（2003）研究了要素投入因素的影响，结果也认为，在OECD国家资本产出比的影响是不利的。黄先海等（2009）构建了一个研究劳动收入份额变动的公式，并且将这个公式分解为三个部分，即技术进步偏向因素、要素投入变动因素、乘数作用因素，并认为资本深化的正向效应明显，然而乘数效应对此有弱化作用。王燕、陈欢（2015）研究也认为资本深化具有正向作用。

（6）技术进步偏向的影响。

总体来看，从技术进步偏向角度探讨劳动收入份额变动的研究文献主要有两种不同的观点。第一种认为，在所有影响因素中技术进步偏向是关键影响因素。对技术进步偏向的关注最早始于希克斯（Hicks，1932），尽管希克斯最早关注到技术进步偏向问题，但并没有将其应用到分析劳动收入份额上面。后续研究文献中，最具代表性的是Acemoglu的一系列研究成果，Acemoglu（1998）利用技术进步偏向解释技能劳动收益变化是由技术进步偏向引起的。随后，Acemoglu（2002，2003）研究指出，劳动收入份额在经济增长过程中是否保持稳定，主要看技术进步是属于劳动增强型还是资本增强型。具体地说，如果是劳动增强型，那么其保持稳定；相反，如果是资本增强型，那么其不能保持稳定。而且，一般来说，在平衡增长路径上，技术是劳动增强型的。Acemoglu（2007）认为，当某种要素供给相对增加时，会诱使企业采用提高这种要素边际产出的技术，如果要素市场不存在价格扭曲现象，那么对于资本丰裕的经济体，其技术更可能偏向资本，并且其使得劳动收入份额降低。在国外相关研究中，具有代表性的还有如下几篇文献：Bentolila等（2003）运用OECD国家的面板数据进行了计量分析，结果发现，这些国家技术进步偏向资本，并且其对这些国家的劳动收入份额有显著的负向作用；Guscina（2006）利用发达国家的面板数据研究了这一现象，认为技术进步偏向的作用也为负向。

针对第一种观点，国内文献主要利用结构分解与计量回归两种方法进行分析。在结构分解方面，黄先海等（2009）利用技术进步偏向的定义推导出劳动收入份额变动的分解公式，并认为其变化由技术进步偏向因素、要素投入变动因素及乘数作用因素三个因素决定。通过对1997—2006年我国劳动密集部门和资本密集部门劳动收入份额的进一步分解，结果发现，不论是对于劳动密集部门还是对于资本密集部门，技术进步偏向因素的影响都是很大的。戴天仕等（2010）通过构建一个指数对技术进步偏向进行量化，结合我国全国层面的时间序列数据进行研究，结果发现，我国技术进步在此期间的大部分时间里偏向资本要素，而且偏向资本的速度呈加快趋势，这表明在此期间技术更有利于资本边际产出，而且在排除要素投入变动因素的情况下，劳动收入份额会降低。傅晓霞等（2013）研究认为，改革开放以来，我国技术进步偏向对劳动收入份额的走势有较大影响，改革开放初期，技术进步大体上为资本节约型，故劳动收入份额有所提高并逐渐趋于稳定，到了后期，技术进步大体上为劳动节约型，故劳动收入份额大幅降低。姚毓春等（2014）对1985—2013年我国工业部门劳动收入份额进行了结构分解，结果认为，技术进步偏向是其变化的主要原因，而行业结构变化对工业部门劳动收入份额的作用较小。薛营等（2017）采用结构分解法研究，发现1978—2012年中国技术进步具有明显的资本偏向特征，而且是劳动收入份额在此期间发生变化的主要原因。王林辉等（2018）对我国劳动收入份额作了更深入的结构分解，研究结果发现，技术进步偏向对其具有双重影响效应，一是同一个产业内的技术进步偏向影响，其在产业内部影响要素边际产出，从而改变劳动收入份额；二是不同产业之间的技术进步偏向影响，其导致要素跨产业流动，改变产业规模的相对大小，并最终改变劳动收入份额。除了结构分解法以外，还有部分国内文献采用计量回归的方法进行分析。王永进、盛丹等（2010）认为，虽然从20世纪90年代中期中国的技能劳动工资增长较快，但总体上劳动收入份额并没有提升，这主要是因为技能劳动工资和资本收益都得到了提高。张莉等（2012）利用1987—2007年跨国经济数据研究认为，国际贸易通过改变技术进步偏向进而对劳动收入份额产生不利影响。陈欢、王燕（2015）通过研究也得出了类似的观点。陈宇峰等（2013）构建了一个生产决策模型以考虑我国转型时期劳动收入份额，结果发现，对单个产业来说，垄断利润率是其短期变化的主要原因，技术进步偏向是其长期较低的主要原因。丁从明等（2016）通过计量模型对1993—2012年我国技术进步偏向与劳动收入份额关系的研究后发现，技术进步偏向能解释其变动的20%以上。罗知等（2017）利用1978—2012年中国省际面板数据，采用计量经济模型进行分析，结果也得到了类似的结论。文雁兵等（2018）通过构建一般性的模型，并利用1998—2013年我国工业企业数据库的数据从市场竞争视角和制度质量视角分析了劳动收入份额的决定因素与机制，结果发现，这两种机制都发挥重要作用，且市场竞争机制的作用相对更大。

第二种观点认为技术进步偏向的作用并不明显。白重恩等（2008）利用工业企业数据分析认为技术进步偏向的影响是不确定的。在另一篇文献中，白重恩等（2009）用年份哑变量控制有偏技术进步，结果也认为其影响效应并不显著。罗长远等（2009）利用1987—2004年中国省际面板数据进行了实证研究，结果也发现技术因素的影响不明确。白重恩等（2010）利用1985—2003年中国省际面板数据进行了实证分析，结果同样发现技术变化的影响并不明显。章上峰等（2016）通过结构分解的方法将劳动收入份额分解成市场扭曲因素和技术进步偏向因素，结合1978—2013年中国省际面板数据分别测算了两种因素的贡献率，结果表明技术进步偏向因素的影响作用很小。

（7）其他影响因素。

除了以上几种主要的影响因素外，已有文献考虑的因素还涉及财政分权、人口结构变化、工会力量、企业的政治关系、人力资本积累、企业风险大小、税收因素、人工智能技术的运用等。关于财政分权因素，如祁毓等（2011）研究认为在财政分权的情况下，地方政府出于招商引资的需要对劳动者的保护力度减弱，使得劳动者报酬减少。关于人口结构变化因素，如魏下海等（2012）研究发现，人口结构中老龄化的加剧使得地区储蓄率过高，这会导致地区资金供应增大，企业融资成本下降，从而企业会过度使用资本，最终使得劳动收入在总收入中的占比下降。另外，魏下海等（2017）研究发现，男女性别比例增大也有类似的影响。关于工会力量，如魏下海等（2013）研究发现，工会的存在不仅可以提高工资水平，还可以提高劳动生产率，而且劳动生产率提高很大，所以工会的存在最终使劳动收入份额下降。关于企业的政治关系，如魏下海等（2013）研究发现，对于私营企业来说，如果其拥有的政治关系越多，劳动收入份额越低，而且这一现象在法治水平不高的地区容易出现。关于人力资本积累，如王忠等（2013）认为，我国在人力资本积累与技能劳动迅速提高的同时，也快速积累了大量物质资本，这主要是因为资本与技能存在互补关系，而又由于资本要素与劳动要素存在替代关系，因此最终劳动收入份额下降。关于企业风险大小，如贾坤等（2016）研究发现，随着企业风险的降低，企业的劳动生产率以及工人工资都会有所提高，但前者提高更大，所以劳动收入占比不升反降。关于税收因素，如李文溥等（2012）研究发现，两税合一对我国劳动收入份额能够产生较为显著的正向影响，这是因为这一政策措施可以通过劳动要素降低企业的所得税负担，结果有利于企业参与公平的市场竞争，使得企业的市场进入成本有所下降，并提高劳动收入份额。常晓素（2017）研究发现，税收政策对要素收入份额有显著的影响，但消费税、劳动所得税、企业所得税以及资本税的影响差异较大。申广军等（2018）研究发现，降低增值税税率可以提高劳动收入份额，但对不同类型企业的影响效果有所差异。关于人工智能技术的运用，如郭凯明（2019）研究认为，其对劳动收入份额的影响并不能确定，要根据具体经济条件判断。而金陈飞等（2020）利用企业微观数据研究后认为，人工智能技术在企业的应用可以使得其劳动收入份额提高，并且这一结论因企业性质不同而有所差异。

二、关于技术进步偏向产生的原因

（1）内源性影响因素。

这类文献的观点认为技术进步偏向主要受内源性因素的影响。Hicks（1932）最早关注到要素相对价格变化是技术进步偏向变动的重要因素，如果某种要素价格提高，企业就会选择那些能够减少使用这种要素的技术。Acemoglu（2002）认为技术进步偏向内生于企业的选择行为，从技术需求角度看，其最终由两种影响机制共同决定，一种机制称为价格机制，另一种称为市场规模机制，这两种机制分别使得技术进步偏向稀缺要素和丰裕要素；而从技术供给角度看，技术进步偏向的决定因素是创新可能性边界。Growiec 等（2018）研究了研发部门的技术选择行为，并且认为技术进步偏向内生于企业的最优选择过程。邓明（2014）研究认为，劳动价格扭曲是技术进步偏向资本的主要原因，资本价格扭曲的影响很小。杨振兵（2015）发现，工业行业工资扭曲对技术进步偏向有显著的弱化作用。白雪洁（2017）认为要素价格扭曲不仅对技术进步偏向有直接影响，还存在间接影响。罗知等（2018）将国际贸易和要素价格扭曲两种因素结合起来，并利用1997—2012年中国省际面板数据研究后认为，国际贸易通过要素价格扭曲导致企业选择资本偏向型技术。余东华等（2018）研究认为，我国制造业存在着明显的要素价格扭曲，在进一步区分相对价格扭曲和绝对价格扭曲的基础上，如果考虑要素价格扭曲，制造业技术进步偏向更加显著。

（2）外源性影响因素。

这类文献主要考虑技术进步偏向的空间扩散效应，大体从三个思路展开：

第一种思路是从贸易开放角度分析技术进步偏向的空间扩散效应。这类文献认为由于不同国家要素禀赋结构的差异，发达国家与欠发达国家不仅在技术进步水平上存在较大差距，而且其技术进步偏向性也存在较大不同。一般来说，发达国家资本深化程度比较高，往往容易衍生出与资本要素相匹配的技术组合，所以其技术更可能偏向资本。在开放条件下，发达国家主要出口资本密集商品，这又进一步鼓励其国内产业研发具有资本偏向特征。相对而言，欠发达国家的劳动力较丰富，这种要素禀赋结构往往容易衍生出与劳动要素相匹配的技术组合，所以其技术更可能偏向劳动。然而贸易开放后，欠发达国家发现利用发达国家的技术组织生产所取得的效益会更高，便从发达国家大量引进资本偏向性技术。这主要体现在其购买的资本设备上，通过引进发达国家先进的资本设备，欠发达国家的技术进步方向就会朝资本偏向型技术转变（Acemoglu，2002）。张莉、李捷瑜等（2012）通过跨国经济数据的实证研究发现，贸易开放后发展中国家会从发达国家引进技术含量较高的机器设备，而发达国家的机器设备具有典型的资本偏向特征和技能偏向特征，发展中国家大量进口这些资本设备使得其技术也偏向资本。陈欢、王燕（2015）基于中国制造业细分行业的面板数据也得出了类似的结论。王林辉、杨博等（2017）测算了中国和美国制造业22个细分行业技术进步偏向指数，并运用面板数据模型对中国和美国这22个细分行业技术进步偏向的空间传递进行了实证检验，结果发现，美国制造业技术进步偏向对中国制造业的技术进步偏向存在显著的空间传递效应，但存在1—2年的时间滞后。根据类似的逻辑，也有文献利用国内发达地区与欠发达地区的数据进行实证研究，潘文卿、吴天颖等（2017）利用中国266个城市数据测算了技术进步偏向指数，并将3个发达城市对其他欠发达城市的空间扩散效应进行了实证分析，结果发现3个发达城市的技术进步偏向与其他欠发达城市的技术进步偏向存在显著的正向关系，进一步分析还发现技术进步偏向的空间扩散效应主要是由要素增强型技术空间扩散导致的。

第二种思路是从防御性创新来分析技术进步偏向的空间传递。这种观点认为发达国家的资本密集型产品进入欠发达国家时，其产品市场竞争力更强，这对欠发达国家的原有市场形成巨大冲击，为了应对这种外来冲击，欠发达国家的企业会通过防御性创新应对来自国外的竞争，这最终会使得欠发达国家企业加强对资本偏向型技术的研发投入，从而资本偏向型技术从发达国家传递到欠发达国家（Wood，1994）。

第三种思路认为技术进步偏向的空间扩散效应受技术引进的直接传递效应和间接引致效应的双重影响。董直庆等（2016）设计了一个解释技术转移的经济模型，其中包括两类不同的技术创新部门，即自主创新部门和技术引进部门，该模型详细演绎了技术进步偏向从发达国家向发展中国家传递的机制，通过数值模拟这一传递过程的动态变化后发现，要素投入结构在技术进步偏向传递过程中起到了决定性作用，并且技术进步偏向的传递方向和强度存在技术适配度的门槛效应，最终，技术进步偏向的空间传递一方面受引进技术自身偏向的直接影响，另一方面受引进技术引致的间接影响。

三、对已有文献的述评

（1）关于劳动收入份额影响因素的文献述评。

通过文献梳理可以看出关于劳动收入份额的影响因素总体上可归为三大类。第一类因素是经济结构因素，这类文献认为产业结构转型是劳动收入份额降低的主要原因。具体来说，发展中国家的农业部门劳动收入份额最高，其次是服务业部门，工业部门劳动收入份额最低，这些国家在进行工业化的过程中，劳动力不断从农业部门流出，进入工业部门，所以得出以上观点。这类观点对发展中国家有较强的说服力，但是同时也存在两个明显的不足：首先，不少文献发现后发国家在经济起飞的过程中劳动收入份额降低并不是普遍现象；其次，发达国家显然已经跨过了经济转型阶段，产业结构比较稳定，劳动力跨产业流动显然没有发展中国家频繁，然而从大量文献中发现，20世纪80年代许多发达国家劳动收入份额仍出现明显的下滑趋势。第二类因素来源于市场结构（包括产品市场和要素市场），这类文献认为，由于产品市场垄断，企业会产生垄断利润，而对于垄断利润的分成比例在劳资之间并不总是对等的，这主要看劳动者在劳资谈判中的谈判能力，而一般来说，劳动者在劳资谈判中处于相对弱势的地位。另外，许多文献沿着这一思路引申出其他影响因素，如国际贸易、国外资本流入、政府招商竞争、工会力量、企业所得税税制等可通过市场垄断或劳动者的相对弱势谈判地位而降低劳动收入份额。总体来说，本研究认为有关市场垄断和劳动者谈判地位相对弱势这类因素的解释能力比较有限。首先，从欧盟的例子来看，欧洲一体化进程总体上是有利于产品和要素市场竞争的，欧盟国家的劳动收入份额不应该出现下滑趋势，然而，Harrison（2002）发现欧洲国家在20世纪80年代劳动收入份额出现明显降低；其次，对于发达国家来说，劳动者的谈判地位并未出现明显的弱化趋势。正是出于以上原因，不少文献重点关注第三类因素，即有偏技术进步方面的因素，这类观点的主要逻辑是技术进步并非总是呈中性，当技术更加偏向资本时，如果排除要素投入变动的影响，劳动收入份额将会减小，这一观点也得到了大量文献的支持。

梳理已有文献总结后发现，技术进步偏向对劳动收入份额影响的研究在以下几个方面值得进一步拓展：首先，在明确技术进步偏向决定因素的基础上，从实证层次深入考察我国技术进步偏向的大小，量化分析技术进步偏向对整体劳动收入份额的贡献程度。其次，在人们对人力资本进行大量投入的今天，个体的受教育程度、技能掌握情况和工作经验等存在较大差异，劳动力表现出明显的异质性特征，所以技术进步偏向对技能劳动和非技能劳动收入份额的差异化影响值得深入分析。最后，我国经济发展水平相对落后的省份，劳动收入份额相对较高，而经济发展水平较高的省份，劳动收入份额相对较低，但关于劳动收入份额的地区差异却被已有文献忽略，因此，从技术进步偏向视角揭示劳动收入份额空间差异形成的原因值得深入研究。

（2）关于技术进步偏向产生原因的文献述评。

关于技术进步偏向产生的原因，总体上可以归纳为内源性影响因素和外源性影响因素。内源性影响因素主要是与要素价格相关的因素，这类观点认为要素相对价格变化是技术进步偏向变动的重要因素，要素相对价格变化会激励企业选择节约昂贵生产要素的技术。外源性影响因素主要是考虑技术进步偏向的空间扩散效应，这类观点认为技术进步偏向存在显著的空间传递效应。

纵观已有文献，可以发现偏向型技术进步对劳动收入份额下滑的解释能力相对较强，因此，要改善劳动收入份额，必须要明确技术进步偏向的决定因素。已有文献对此取得了丰富的研究成果，通过梳理后分析发现，在以下几个方面的研究值得进一步拓展：关于其内源性影响因素，首先，虽然已有文献关注到了要素价格扭曲对其具有影响的事实，但缺少理论的系统论述；其次，大多数文献都只是通过数据验证要素价格扭曲对其影响是否显著，较少考虑到要素价格扭曲对其影响的效应会受到要素与技术匹配度的影响。关于其外源性影响因素，首先，尽管许多文献已经发现技术进步偏向空间扩散的典型事实，但却没有系统分析技术进步偏向空间扩散发生的理论机理；其次，已有文献大多数只是证实技术进步偏向空间扩散的存在，但对技术进步偏向空间扩散特征的刻画不够细致；最后，尽管已有文献关注到要素禀赋结构对技术进步偏向空间扩散的影响，即适宜性技术问题，但并未考虑到地区适宜性创新模式对其空间扩散的影响。

第三节　研究思路与研究方法

一、研究思路

我国劳动收入占比从20世纪90年代中期以后出现明显下滑趋势，2007年下滑到39.7%，虽然之后出现一定程度的上升，但直到2017年仍只有47%左右，这一数字远低于发达国家水平，而且低于很多发展中国家水平。从投入产出的角度讲，要素收入分配的结构取决于生产结构，而生产结构与要素投入的比例及技术选择密切相关。然而，在要素禀赋既定的条件下，技术进步并不一定会以相同的速度来提高每一种要素的效率，当技术进步对不同要素的效率产生非对称性影响时，技术进步便呈现出一定的偏向性，因此，考虑技术进步偏向方面的因素十分关键。此外，技术进步偏向直接决定了市场对各类生产要素的需求，如果技术进步过度偏向资本，有可能导致对劳动需求的减少，从而可能使得劳动收入在总收入中的占比降低。有鉴于此，本书围绕我国技术进步偏向对劳动收入份额的影响这一选题展开研究，主要研究思路具体如下：

首先，本书使用标准化方程系统法估计了CES生产函数的相关参数，并据此测算我国技术进步偏向的大小，进一步通过统计分解的方法分析我国技术进步偏向对劳动收入份额变动的贡献程度。

其次，要改善劳动收入份额，必须要明确技术进步偏向的来源，故本书分别从内源性影响因素和外源性影响因素探索其来源。基于内源性影响因素，本书通过理论分析论证了要素价格扭曲对其产生的影响，并利用面板门限模型（PTR）实证检验了要素价格扭曲对其影响的门限效应。基于外源性影响因素，本书从技术进步偏向的空间扩散效应入手，理论分析了技术进步偏向由发达区域向欠发达区域的空间扩散效应，并通过面板平滑迁移模型（PSTR）实证检验了技术进步偏向空间扩散的非线性特征。

最后，基于前文所述技术进步偏向产生的原因，一方面，本书在理论分析的基础上，通过动态面板数据模型和联立方程模型阐释了技术进步偏向最终不利于提高非技能劳动收入份额，而有利于提高技能劳动收入份额；另一方面，基于技术进步偏向能够产生空间扩散，本书通过经济地理学理论和空间计量模型阐释了劳动收入份额呈现区域差异的原因。

二、研究方法

本书在研究过程中，主要采用了以下研究方法：

（1）理论研究方法。

在探究技术进步偏向来源方面，本书基于诱致性技术变迁理论与技术扩散理论，分别从内源性影响因素和外源性影响因素探索其来源。在探索劳动收入份额决定因素方面，首先利用Acemoglu的技术进步偏向理论，分析了技术进步偏向对整体劳动收入份额的影响；然后引入技能劳动和非技能劳动，通过双层嵌套形式CES生产函数分析了技术进步偏向对异质性劳动收入份额的影响规律；最后基于技术进步偏向视角，用经济地理学理论分析了劳动收入份额呈现区域差异的原因。

（2）实证研究方法。

对于技术进步偏向的测度，本书首先构建了三方程系统，之后应用广义非线性最小二乘法（FGNLS）估计了方程系统的参数，据此计算了技术进步偏向大小，并进一步通过结构分解的方法分析了技术进步偏向对劳动相对收入份额变动的贡献程度。

对于我国技术进步偏向的内源性决定因素，本书使用面板数据模型验证要素价格扭曲对其影响存在区域差异，并利用面板门限模型（PTR）检验要素价格扭曲对其影响的门限效应。对于我国技术进步偏向的外源性决定因素，本书使用面板平滑迁移模型（PSTR）考察技术进步偏向空间扩散的非线性特征。

对于非技能劳动和技能劳动收入份额受技术进步偏向影响的差异，本书首先通过动态面板模型对技术进步偏向对整体劳动收入份额的影响进行分析，然后又构建技术进步偏向对技能劳动工资溢价与技能劳动相对需求的联立方程模型，验证技术进步偏向对技能劳动工资溢价以及技术进步偏向对技能劳动相对需求的影响，以此证实技术进步偏向对异质性劳动收入份额的差异化影响。

空间计量经济理论认为，几乎所有的空间数据都具有空间自相关性或空间依赖性，针对处理具有空间交互作用的复杂经济问题，空间计量经济模型表现出较强的优越性。所以在分析劳动收入份额的地区差异时，本书通过空间杜宾模型量化分析了技术进步偏向对其产生的直接影响和间接影响。

第四节　研究框架及主要内容

一、研究框架

本书在系统梳理了国内外文献的基础上从三个方面归纳了研究的理论基础，然后围绕我国技术进步偏向对劳动收入份额的影响这一核心问题展开研究。首先，使用标准化的三方程系统测算了我国技术进步偏向指数，并通过结构分解的方法测算了技术进步偏向对劳动收入份额变动的贡献程度。其次，分别从内源性视角和外源性视角探索我国技术进步偏向产生的原因。最后，基于前文所述技术进步偏向产生的原因，进一步分析了技术进步偏向对异质性劳动收入份额影响的发生机制以及其对劳动收入份额影响的区域差异。本书的研究框架如图 1.1 所示。

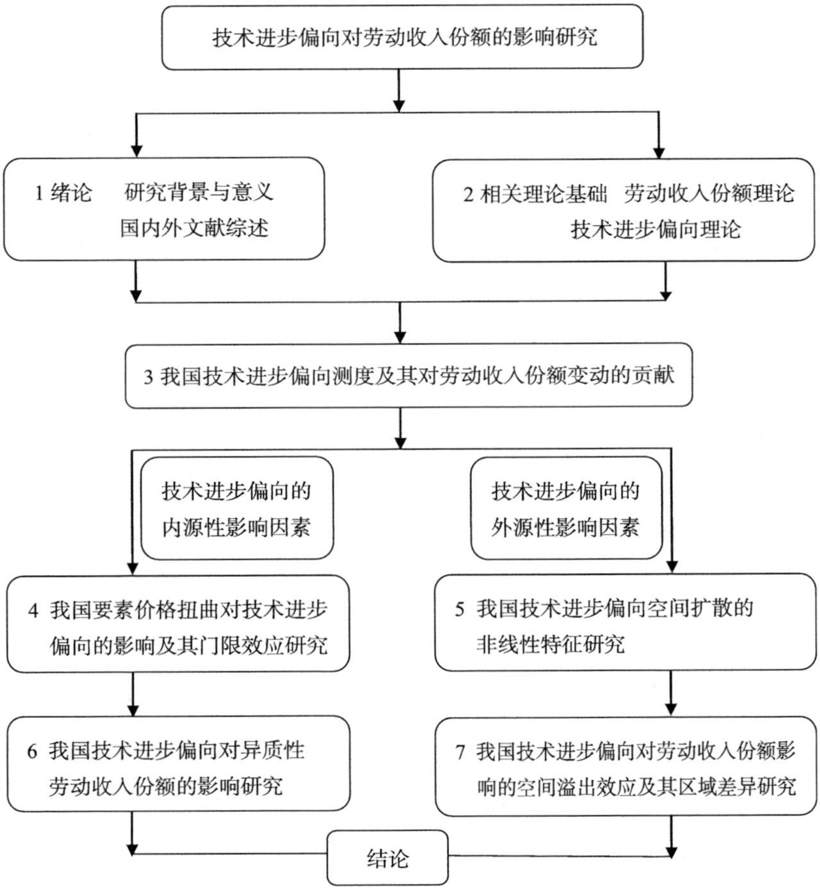

图 1.1 本书的研究框架

二、主要内容

全书共分为七章，各章的主要内容为：

第一章为绪论部分。首先，介绍选题背景与研究意义，并重点介绍本书在写作过程中主要解决的问题、研究思路与研究方法；然后，在系统梳理文献的基础上对其进行了评论；最后，介绍了本书的研究框架、主要内容及研究的创新之处。

第二章从三个方面论述了本书的理论基础。第一，对劳动收入份额的定义与度量方法进行了论述，尤其是对劳动收入中自我雇佣者的收入归属问题以及生产税净额的归属问题做了明确说明；第二，详细说明了技术进步偏向的定义及测度方法，对于技术进步偏向的定义，详细讨论了希克斯技术进步偏向、哈罗德技术进步偏向、索洛技术进步偏向三种定义的差异，重点介绍了通过三方程标准化供给面系统方法估计CES生产函数的相关参数，从而为测算技术进步偏向指数作准备；第三，从资本产出比、技术进步偏向、市场结构、开放因素、经济结构等因素对劳动收入份额决定的相关理论进行了论述。通过对以上三方面已有理论的梳理与总结，为后续研究提供较为坚实的理论基础。

第三章首先分析了劳动收入份额受技术进步偏向影响的理论机制，然后根据1978—2017年我国整体数据和省际数据，用三方程标准化供给面系统方法估计我国及省际资本劳动要素替代弹性，并以此测算技术进步偏向指数，最后在此基础上利用结构分解法将劳动相对收入份额变动分解为要素投入变动因素与技术进步偏向因素。主要得出了如下三个结论：①我国资本与劳动要素总体呈现互补关系；省际数据的估算结果表明只有个别省份的资本劳动要素呈现替代关系。②对于技术进步偏向特征，从变化趋势来说，1984年之前中国技术进步呈现劳动偏向特征，1984年之后的绝大多数时间中国技术进步呈现资本偏向特征，但在2008年之后技术进步逐渐偏向劳动要素，且偏向劳动要素的程度较弱。从分地区的结果来看，东部地区的技术进步偏向资本程度相对较小，中西部地区相对较大。③我国劳动收入份额的变动不仅受资本劳动投入比变动的影响，而且受技术进步偏向因素的影响，其中技术进步偏向对劳动相对收入份额变动的影响强度相对较大，但在不同的阶段有所差异。

第四章首先从理论上系统分析了技术进步偏向的内源性决定因素，然后通过1996—2017年我国省际面板数据进行了实证分析，得出了以下三个结论：①要素相对价格扭曲对技术进步偏向存在显著的影响，且存在明显的地区差异；②通过面板门限模型的实证分析，表明这种影响并不是简单的线性关系，而是存在要素与技术匹配度的双重门限效应；③由于这一影响存在要素与技术匹配度的双重门限效应，这种双重门限便构成了要素与技术匹配度的合理区间，在合理区间内，这一影响较弱；而低于或高于要素与技术匹配度的合理区间，这一影响效应较强。

第五章针对技术进步偏向的空间扩散现象，首先进行了系统的理论分析，然后通过构建面板平滑迁移模型（PSTR），对技术进步偏向空间扩散的非线性特征进行了实证检验。结果表明，当某一地区的要素禀赋不变时，该地区的技术进步偏向明显受发达地区技术进步偏向空间扩散效应的影响。但由于引进地区会对引进技术进行消化、吸收，这导致原有技术的要素偏向性在扩散过程中发生改变，故技术进步偏向的空间扩散呈现出显著的非线性特征。而且，当技术创新模式为适宜性创新模式时，引进地区对引进技术的消化、吸收能力较强，引进技术原有偏向性会发生较大改变。这时，空间扩散效应较小；反之，空间扩散效应较大。

第六章基于投入产出理论，分配结构是由生产投入决定的，生产投入又涉及要素的投入结构以及与之相匹配的技术选择。然而，在要素禀赋既定的条件下，技术进步并不一定会以相同的速度来提高每一种要素的效率，当技术进步对不同要素的效率产生非对称性影响时，其就可能偏向某种要素，故考虑技术进步偏向方面的因素对于分析劳动收入份额变动十分关键。本章首先通过理论分析证明技术进步偏向对整体劳动收入份额存在负向影响，但其对技能劳动收入份额与非技能劳动收入份额存在相反的影响。然后利用1996—2017年省际面板数据，构建动态面板模型及联立方程组模型进行实证研究，结果表明，技术进步偏向最终不利于提高非技能劳动收入份额，而有利于提高技能劳动收入份额。产生这种非对称性影响的原因在于随着技术进步偏向资本，资本的边际产出相对增大，企业一方面更多地使用资本以替代非技能劳动；另一方面，为了让资本与技能劳动通过有效组合来安排生产，企业在更多使用资本的同时也更多地使用技能劳动，与此同时，企业提高了技能劳动工资溢价，从而其对技能劳动与非技能劳动收入份额产生非对称性影响。

第七章探索劳动收入份额区域差异产生的原因，对解决中国要素收入分配失衡十分关键。本章利用空间杜宾模型（SDM），并以1996—2017年中国省际面板数据为样本，基于技术进步偏向视角，详细研究了其对劳动收入份额影响的空间溢出效应及区域差异。结果发现，从全国层面看，其不但对本地区劳动收入份额存在显著的负向影响，而且对邻近地区的劳动收入份额也存在显著的负向影响。分地区研究结果表明，其对劳动收入份额的影响有明显的区域差异，从直接效应看，东、中部地区的负向效应明显大于西部地区；从间接效应看，中、西部地区的负向效应明显大于东部地区；从总效应看，东、中部地区的负向效应明显大于西部地区。因此，技术进步偏向对当前阶段中国劳动收入份额的区域差异有重要影响。

第五节 研究的创新之处

本书主要特色与可能创新之处如下：

第一，关于技术进步偏向的来源，通常的观点都认为我国的技术进步偏向资本，但现有文献并没有找到技术进步偏向的来源。本书结合中国的数据，基于技术进步偏向的原始含义，分别从内源性影响因素和外源性影响因素论述技术进步偏向的来源。基于内源性因素视角，研究发现要素相对价格扭曲对技术进步偏向存在显著的影响，而且这一影响存在要素与技术匹配度的双重门限效应；基于外源性因素视角，研究发现欠发达地区的技术进步偏向明显受发达地区技术进步偏向空间扩散效应的影响，而且技术进步偏向的空间扩散呈现出显著的非线性特征。

第二，本书将劳动投入分为技能劳动和非技能劳动，并考虑了技术进步偏向对异质性劳动收入份额的不同影响，而且技术进步偏向有利于提高技能劳动收入，不利于提高非技能劳动收入。除此之外，传统文献很少考虑劳动收入份额的区域差异，针对已有研究的不足，本书基于技术进步偏向视角，详细研究了其对劳动收入份额影响的空间溢出效应及区域差异，结果发现其不仅对本地区劳动收入份额存在显著的负向影响，而且对邻近地区的劳动收入份额也存在显著的负向影响。

第三，在研究方法上，对于技术进步偏向内源性决定因素的研究，本书利用面板门限模型（PTR）分析了要素价格扭曲对技术进步偏向影响的门限特征；对于技术进步偏向外源性决定因素的研究，利用面板平滑迁移模型（PSTR）分析了技术进步偏向空间扩散的非线性特征。另外，本书利用动态面板数据模型和联立方程模型实证分析了技术进步偏向对非技能劳动和技能劳动两类不同劳动收入份额的影响，还利用空间杜宾模型（SDM）分析了劳动收入份额呈现区域差异的原因。

第二章　相关理论基础

第一节　劳动收入份额的定义与度量

一、劳动收入份额的定义

从经济运行过程看，社会生产中每一种生产要素的收入也就是全社会最终产品的成本，其中劳动要素得到的是工资和奖金等，资本要素得到的是利息和利润等，土地要素得到相应的租金。为了简化所要分析的问题，这里只考虑两种投入要素：资本和劳动。劳动收入份额就是初次分配中劳动要素所得占国民收入的比例。

二、度量劳动收入份额

从上述可以看出，定义并不复杂，但在国民收入统计过程中，劳动与资本收入的归属并不明确，故对劳动收入的界定已有文献存在一定的争议。其中 Krueger（1999）关于怎样度量劳动收入份额进行了论述，后来 Gollin（2002）也就度量过程中的问题做过较为全面的说明。总体来看，已有文献主要有两方面的争议。

首先，关于自我雇佣者劳动收入的归属问题。自我雇佣者包括个体商户和农户，其不同于正规企业有完善的会计记账制度，故对于这类群体其两种要素收入往往被放在一起核算，很难明确划分哪一部分收入属于劳动收入，哪一部分收入属于资本收入。如果只将雇员报酬归为劳动一方，那么这必然会导致劳动收入份额被低估，因为这样没有考虑到自我雇佣者的劳动收入。针对这一问题，Gollin 提出了三种改进测算方法的方案。第一种改进方案是将自我雇佣者的收入全部当做劳动收入，但这样一来，劳动收入份额就必然被高估；第二种改进方案是不考虑自我雇佣者的收入，但结果是不同国家或不同地区自我雇佣者的收入差异未被考虑；第三种改进方案是将自我雇佣者的平均报酬与自我雇佣者就业人员人数的乘积作为自我雇佣者的劳动收入，并将自我雇佣者的平均报酬等同于雇员的平均报酬。很显然，这种方案与实际情况并不一定完全符合。

就中国实际而言，2004年前后对自我雇佣者收入的统计口径有所变化。2004年之前，中国统计部门将自我雇佣者（个体从业者和农户）的收入都计入劳动一方。从这一年开始，对自我雇佣者收入的统计有两个调整，一是将农业部门的营业盈余计入劳动一方，二是将个体从业者的收入计入资本一方，并将其作为营业盈余部分。很明显，第一个调整使得劳动收入份额在统计上增大了，第二个调整使得劳动收入份额在统计上缩小了，但因为第一个调整数量要小于第二个调整数量，故最终统计上的劳动收入份额变小。到2008年，统计部门又对个体从业者收入的统计口径作了一次调整，将其作为劳动者报酬，很显然这次调整使得劳动收入份额在统计上有所增大。

其次，关于生产税净额的归属问题。按照现行的核算制度，收入法计算 GDP 由 4 个部分组成：劳动者报酬（计入劳动一方）、固定资产折旧（计入资本一方）、营业盈余（计入资本一方）、生产税净额。很明显，除了生产税净额以外，前三个部分归属十分明确，生产税净额应该属于两种要素的共同收入，但是其从资本和劳动收入中抽取后，很难明确哪一部分应该计入资本一方，哪一部分应该计入劳动一方。已有文献关于生产税净额的处理存在几种情况：部分文献将其直接当做资本回报；也有文献将其从 GDP 中消去来计算劳动收入份额；另外，还有部分文献将其在两种要素之间分摊。具体来说以上几种处理方式如下所示：

$$劳动收入份额 = \frac{劳动者报酬}{劳动者报酬 + 营业盈余 + 固定资产折旧 + 生产税净额}$$

$$劳动收入份额 = \frac{劳动者报酬}{劳动者报酬 + 营业盈余 + 固定资产折旧}$$

$$劳动收入份额 = \frac{劳动者报酬 + \alpha^{*}生产税净额}{劳动者报酬 + 营业盈余 + 固定资产折旧 + 生产税净额}$$

其中，α 为劳动所得从生产税净额中所分摊的比例。

第二节　技术进步偏向的定义及测算

一、技术进步偏向的定义

希克斯（Hicks，1932）最早关注到了技术进步偏向问题，他认为在经济增长过程中，技术进步并不一定总是呈现中性，而可能是有一定的要素偏向特性。技术进步之所以偏向某种要素，主要是因为企业根据要素相对价格的变化主动选择节约较为昂贵要素的技术，以达到节约成本的目的。本质上技术进步偏向是指技术进步发生后其对每一种要素边际产出的影响程度不同。按Hicks的定义，技术进步偏向分为三种情况：在资本劳动投入比（K/L）既定的情况下，技术进步发生之后，①若资本边际产出提高相对较多，即MP_K/MP_L增大，那么此时称技术进步偏向资本；②若劳动边际产出提高相对较多，即MP_K/MP_L减小，那么此时称技术进步偏向劳动；③若两种要素的边际产出变动相同，即MP_K/MP_L不变，那么此时称技术进步为Hicks中性。在后续研究中，Acemoglu（2002，2003）根据Hicks的定义做了进一步拓展，将其用于分析技术对技能劳动与非技能劳动生产效率的不同影响，并用来解释美国20世纪70年代以来所呈现的工资差异现象。当然，本书考虑的技术进步偏向指的是技术进步资本偏向或技术进步劳动偏向。

与Hicks的定义有所不同，哈罗德（Harrod）的定义也有三种情况：在资本产出比（K/Y）既定的情况下，技术进步发生后，①若资本边际产出增大，即MP_K增大，那么此时称技术进步偏向资本；②若资本边际产出减小，即MP_K减小，那么此时称技术进步偏向劳动；③若资本边际产出不发生变化，即MP_K不变，那么此时称技术为Harrod中性。

另外，索洛（Solow）的定义也有三种情况：在劳动产出比（L/Y）既定的情况下，技术进步发生后，①若劳动边际产出增大，即MP_L增大，那么此时称技术进步偏向劳动；②若劳动边际产出减小，即MP_L减小，那么此时称技术进步偏向资本；③若劳动边际产出不发生改变，即MP_L不变，那么此时称技术为Solow中性。

上文所述的希克斯、哈罗德以及索洛关于技术进步偏向的三种定义可以比较简洁地用表2.1表示。

表2.1　技术进步偏向三种定义的比较

类型	希克斯技术进步偏向	哈罗德技术进步偏向	索洛技术进步偏向
前提	K/L不变	K/Y不变	L/Y不变
技术进步中性	MP_K/MP_L不变	MP_K不变	MP_L不变
技术进步偏向资本	MP_K/MP_L增大	MP_K增大	MP_L减小
技术进步偏向劳动	MP_K/MP_L减小	MP_K减小	MP_L增大

由表2.1中的三种定义可知，其前提条件有明显差异。一般来说，希克斯定义的技术进步偏向适用于短期或静态情形，在短期中假设要素投入比不变比较符合实际，此时，技术冲击对经济的影响较为迅速，企业对要素投入还未来得及做出及时调整。而哈罗德和索洛定义的技术进步偏向适用于长期或动态情形，在长期中明显存在着企业对生产要素的不断调整，以哈罗德所定义的技术进步偏向为例，其前提为资本产出比（K/Y）不发生改变，比较符合长期经济增长的现实，且其允许要素投入比不断调整。

Acemoglu（2003）进一步拓展了关于技术进步的认识，其明确界定了要素增强型技术。Acemoglu的观点是指运用某种技术后，既定产出下对某种要素的投入更少，或者在某种要素投入既定时产出更多，此时技术进步使得该种要素的生产效率提高。以下采用经济模型进行说明，假设生产函数为$Y = F(MK,\ NL)$，K和L分别表示资本投入和劳动投入，M为资本效率，N为劳动效率。①当$M = N = A$时，生产函数简化为$Y = AF(K,\ L)$，此时即为Hicks中性技术。②当技术进步仅表现为纯资本生产效率提高时，生产函数简化为$Y = F(MK,\ L)$，此时，技术是资本增强型，这与索洛中性技术进步等价。③当技术进步仅表现为纯劳动生产效率提高时，生产函数为$Y = F(K,\ NL)$，此时，技术是劳动增强型，这与哈罗德中性技术进步等价。④当资本生产效率M大于劳动生产效率N时，技术为净资本增强型。⑤当资本生产效率M小于劳动生产效率N时，技术为净劳动增强型。

然而Acemoglu所定义的要素增强型技术与Hicks所定义的要素偏向型技术并不相同，前者只考虑某种要素的技术效率是否有所提高，而后者主要看要素边际产出比是否发生改变，这不仅与要素效率有关，还与要素替代弹性有关。

二、基于CES生产函数的技术进步偏向

以CES生产函数为例，如式（2.1）所示：

$$Y=\left[(1-\alpha)(NL)^{\frac{\sigma-1}{\sigma}}+\alpha(MK)^{\frac{\sigma-1}{\sigma}}\right]^{\frac{\sigma}{\sigma-1}} \tag{2.1}$$

式（2.1）中，Y表示总产出，K表示资本投入，L表示劳动投入，M表示资本效率，N表示劳动效率，σ表示资本与劳动要素替代弹性，α表示资本密集度，且$0<\alpha<1$。对资本边际产出MP_K与劳动边际产出MP_L之比进行全微分得到式（2.2）：

$$\frac{\partial(MP_K/MP_L)}{\partial(M_t/N_t)}\cdot\frac{\mathrm{d}(M_t/N_t)}{\mathrm{d}t}=\frac{\alpha}{1-\alpha}\cdot\left(\frac{K_t}{L_t}\right)^{-\frac{1}{\sigma}}\cdot\frac{\mathrm{d}(M_t/N_t)^{\frac{\sigma-1}{\sigma}}}{\mathrm{d}t} \tag{2.2}$$

如果要素投入比不发生改变，技术进步发生后，式（2.2）存在三种情况。①当式（2.2）大于0时，资本边际产出提高相对较多，即MP_K/MP_L有所增加，此时称技术进步偏向资本；②当式（2.2）小于0时，劳动边际产出提高相对较多，即MP_K/MP_L有所减少，此时称技术进步偏向劳动；③当式（2.2）等于式0时，两种要素的边际产出变动相同，即MP_K/MP_L不变，此时称技术进步为Hicks中性。

由分析可知，要素增强型技术进步与要素偏向型技术进步含义并不相同。而通过式（2.2）也很容易看出技术进步偏向与技术进步要素增进形态并不完全一致。具体来说，①当$0<\sigma<1$时，资本与劳动这两种生产要素总体上为互补关系，如果技术是净资本增强型，那么该技术进步的要素偏向特性是劳动偏向型，其原因是当资本效率增长速度比劳动效率增长速度大时，在资本与劳动部分可替代的情况下，企业对劳动要素将产生超额需求，故技术进步对劳动边际产出提高更快。相反，如果技术是净劳动增强型，那么该技术进步的要素偏向特性是资本偏向型。②当$\sigma>1$时，两种生产要素总体上为相互替代关系，如果技术是净资本增强型，那么该技术进步的要素偏向特性是资本偏向型；如果技术是净劳动增强型，那么该技术进步的要素偏向特性是劳动偏向型。③当$\sigma=1$时，CES生产函数即退化为C-D生产函数，技术进步呈现中性。

三、测算技术进步偏向指数

（1）技术进步偏向指数的构建。

按照Acemoglu（2003）和戴天仕等（2010）国内外文献的做法，假设存在两种要素资本（K）和劳动（L），且假设代表性厂商的生产函数为：

$$Y = \left[(1 - \alpha)(NL)^{\frac{\sigma - 1}{\sigma}} + \alpha(MK)^{\frac{\sigma - 1}{\sigma}}\right]^{\frac{\sigma}{\sigma - 1}} \tag{2.3}$$

式（2.3）中，Y表示总产出，K表示资本投入，L表示劳动投入，M表示资本效率，N表示劳动效率，σ表示资本与劳动要素替代弹性，α表示资本密集度，且$0 < \alpha < 1$。σ的含义为由资本与劳动两种生产要素的边际产出比变动一个百分比所导致的两种要素投入比变动的百分比，其公式如式（2.4）所示：

$$\sigma = \frac{\mathrm{d}(K/L)}{\mathrm{d}(MP_L/MP_K)} \cdot \frac{MP_L/MP_K}{K/L} \tag{2.4}$$

当$0 < \sigma < 1$时，CES生产函数中资本与劳动两种生产要素总体上呈现互补关系；当$\sigma > 1$时，CES生产函数中资本与劳动两种生产要素总体上呈现替代关系。随着替代弹性σ的取值范围发生改变，该生产函数可以转化为如下几种不同的形式：①当要素替代弹性$\sigma = 0$时，CES生产函数退化为固定投入比例生产函数或里昂惕夫生产函数，根据这种生产函数，资本与劳动两种生产要素是完全互补的关系，其边际产出比发生改变不会使得要素投入比发生改变。②当要素替代弹性$\sigma = 1$时，其退化成C-D生产函数，此时，资本要素与劳动要素替代弹性为单位弹性，资本与劳动两种生产要素边际产出比产生一个百分点的变动会使得要素投入比也产生一个百分点的变动。③当要素替代弹性$\sigma \to \infty$时，其退化为线性函数，此时要素边际产出比变动很小，即可导致要素投入比产生极大的变化。

若市场为完全竞争的，则由CES生产函数容易得到资本的边际产出MP_K与劳动的边际产出MP_L，分别如式（2.5）和式（2.6）所示：

$$MP_K = \alpha\left(\frac{Y}{K}\right)^{\frac{1}{\sigma}} M^{\frac{\sigma - 1}{\sigma}} \tag{2.5}$$

$$MP_L = (1-\alpha)\left(\frac{Y}{L}\right)^{\frac{1}{\sigma}} N^{\frac{\sigma-1}{\sigma}} \tag{2.6}$$

由于技术进步对不同要素生产效率的提升作用并非完全相同，参考戴天仕等（2010）的研究，将技术进步偏向指数（*bias*）定义为式（2.7）：

$$bias_t = \frac{1}{MP_K/MP_L} \cdot \frac{\partial(MP_K/MP_L)}{\partial(M_t/N_t)} \cdot \frac{\mathrm{d}(M_t/N_t)}{\mathrm{d}t} = \frac{\sigma-1}{\sigma} \cdot \frac{N_t}{M_t} \cdot \frac{\mathrm{d}(M_t/N_t)}{\mathrm{d}t} \tag{2.7}$$

式（2.7）的含义表明，这里采用技术进步发生后两种要素边际产出比的变化率作为技术进步偏向的量化指标，且式（2.7）大于0表明技术进步偏向资本，式（2.7）小于0表明技术进步偏向劳动。

而要计算出式（2.7）中的技术进步偏向指数（*bias*），需要用到的变量数值有历年资本效率（M_t）、历年劳动效率（N_t）和要素替代弹性（σ）。历年资本效率（M_t）和劳动效率（N_t）的值很容易由CES生产函数及资本边际产出MP_K、劳动边际产出MP_L得到，且分别如式（2.8）和式（2.9）所示：

$$M_t = \frac{Y_t}{K_t}\left(\frac{sok}{\alpha}\right)^{\frac{\sigma}{\sigma-1}} \tag{2.8}$$

$$N_t = \frac{Y_t}{L_t}\left(\frac{sol}{(1-\alpha)}\right)^{\frac{\sigma}{\sigma-1}} \tag{2.9}$$

式（2.8）和式（2.9）中，*sok*和*sol*分别表示资本收入份额和劳动收入份额，要素替代弹性σ和资本密集度α的值可由Klump et al.（2007）三方程系统方法测算。

（2）估计参数要素替代弹性的方法。

因为式（2.7）中含有要素替代弹性（σ）和资本密集度（α），故只有先估计出这两个参数才能计算式（2.7）的值。这一小节将说明估计参数要素替代弹性的方法。从总体上看，已有的估计方法有三种，分别是推断法、单方程估计法和方程组系统估计法。

第一种方法是推断法。这种方法首先假设代表性厂商的生产函数为CES形式，资本收入份额（或劳动收入份额）由于受要素替代弹性（σ）的影响而与资本产出比（*K/Y*）的相关关系有所不同，从而根据二者表现出不同的相关关系来倒推要素替代弹性的大致范围。具体来说，如果二者为负相关关系，则说明要素替代弹性$\sigma > 1$；如果二者为正相关关系，则说明要素替

代弹性 $0 < \sigma < 1$；如果二者的相关关系不显著，则说明要素替代弹性 $\sigma = 1$。这种方法被 Bentolila 和 Saint-Paul（2003）、白重恩（2008，2010）等用于实证检验，但这种推断方法只能大致判断 σ 的范围，不能估算出具体数值。

第二种方法是单方程估计法。该方法主要是利用生产函数（如 CES 生产函数或超越对数生产函数）近似形式进行参数估计，参考 Leòn-Ledesma et al.（2010）以 CES 生产函数为例说明其具体过程。首先，标准化变换生产函数；其次，在 $\sigma = 1$ 处对其二阶泰勒展开，得到一个线性形式的近似生产函数，这便可以直接用普通计量方法进行参数估计。

按照 Leòn-Ledesma et al.（2010）的做法，假设 CES 生产函数形式为：

$$Y_t = C\left[\pi(\Gamma_t^K K_t)^{\frac{\sigma-1}{\sigma}} + (1-\pi)(\Gamma_t^L L_t)^{\frac{\sigma-1}{\sigma}}\right]^{\frac{\sigma}{\sigma-1}} \tag{2.10}$$

式（2.10）中，Y 表示总产出，K 表示资本，L 表示劳动，π 表示资本密集度参数，σ 表示替代弹性，C 表示不随时间发生变动的生产效率参数。假设存在一个基准点，在基准点的总产出、资本、劳动、资本价格、劳动价格分别为 Y_0，K_0，L_0，r_0，w_0，且假定基准点满足 $r_0 K_0 / w_0 L_0 = \pi/(1-\pi)$，基准点都以角标 0 的变量表示。在基准点这一特殊点可以得到：

$$\Gamma_0^K = \frac{Y_0}{CK_0} \tag{2.11}$$

$$\Gamma_0^L = \frac{Y_0}{CL_0} \tag{2.12}$$

假设资本和劳动要素技术效率呈现指数增长形式，且分别如式（2.13）和式（2.14）所示：

$$\Gamma_t^K = \Gamma_0^K e^{\gamma_K t} \tag{2.13}$$

$$\Gamma_t^L = \Gamma_0^L e^{\gamma_L t} \tag{2.14}$$

将式（2.13）和式（2.14）代入原生产函数（2.10），即可得 CES 生产函数的标准化形式，如式（2.15）所示：

$$Y_t = Y_0\left[\pi_0\left(\frac{\Gamma_t^K K_t}{K_0}\right)^{\frac{\sigma-1}{\sigma}} + (1-\pi_0)\left(\frac{\Gamma_t^L L_t}{L_0}\right)^{\frac{\sigma-1}{\sigma}}\right]^{\frac{\sigma}{\sigma-1}} \tag{2.15}$$

对式（2.15）取对数即可得到式（2.16）：

$$\ln\left(\frac{Y_t}{Y_0}\right)=\frac{\sigma}{\sigma-1}\ln\left[\pi_0\left(\frac{e^{\gamma_K t}K_t}{K_0}\right)^{\frac{\sigma-1}{\sigma}}+(1-\pi_0)\left(\frac{e^{\gamma_L t}L_t}{L_0}\right)^{\frac{\sigma-1}{\sigma}}\right] \tag{2.16}$$

将式（2.16）在要素替代弹性 $\sigma=1$ 处进行二阶泰勒展开，得到式（2.17）：

$$\begin{aligned}\ln\left(\frac{Y_t}{Y_0}\right)=&\pi_0\ln\left(\frac{K_t}{K_0}\right)+(1-\pi_0)\ln\left(\frac{L_t}{L_0}\right)+\frac{(\sigma-1)\pi_0(1-\pi_0)}{2\sigma}\left[\ln\left(\frac{K_t/K_0}{L_t/L_0}\right)\right]^2+\\&\pi_0\left[1-\frac{(\sigma-1)(1-\pi_0)}{\sigma}\ln\left(\frac{K_t/K_0}{L_t/L_0}\right)\right]\gamma_K(t-t_0)+\\&(1-\pi_0)\left[1+\frac{(\sigma-1)\pi_0}{\sigma}\ln\left(\frac{K_t/K_0}{L_t/L_0}\right)\right]\gamma_L(t-t_0)+\\&\frac{(\sigma-1)\pi_0(1-\pi_0)}{2\sigma}\left[\gamma_K-\gamma_L\right]^2(t-t_0)^2\end{aligned} \tag{2.17}$$

对式（2.17）进行化简即可得到式（2.18）：

$$\begin{aligned}\ln\left(\frac{Y_t/Y_0}{L_t/L_0}\right)=&\pi_0\ln\left(\frac{K_t/K_0}{L_t/L_0}\right)+\underbrace{\frac{(\sigma-1)\pi_0(1-\pi_0)}{2\sigma}}_{a}\left[\ln\left(\frac{K_t/K_0}{L_t/L_0}\right)\right]^2+\\&\underbrace{\left[\pi_0\gamma_K+(1-\pi_0)\gamma_L\right]}_{b}(t-t_0)+\\&\underbrace{\frac{(\sigma-1)\pi_0(1-\pi_0)}{2\sigma}\left[\gamma_K-\gamma_L\right]^2}_{c}(t-t_0)^2\end{aligned} \tag{2.18}$$

将基准期设为 t_0，并令 $t_0=0$，Y_0，K_0，L_0 即为基准期总产出、基准期资本投入、基准期劳动投入。利用式（2.18）即可进行计量回归，估计出参数值 $\hat{\pi}_0$，$\hat{a}$，$\hat{b}$，$\hat{c}$，根据 $\hat{\pi}_0$，$\hat{a}$，$\hat{b}$，$\hat{c}$ 与 σ，γ_K，γ_L 的关系就可以求出相应的参数估计值。

第三种方法是方程组系统估计法。这种方法是利用CES生产函数、资本的一阶条件、劳动的一阶条件三方程的标准化形式构成的供给面系统对参数进行估计，在三方程供给面系统中由于都有要素替代弹性参数（σ）和要素效率增长参数（γ_K 和 γ_L），这使得方程系统中的各个方程会产生相互影响，从而结构参数能够被识别，学术界普遍认为这种方法最为稳健。本书也采用这种方法进行资本与劳动要素替代弹性的估计。参考 Klump et al.（2007），仍假定经济体的生产函数为CES形式：

$$Y = \left[(1 - \alpha)(NL)^{\frac{\sigma - 1}{\sigma}} + \alpha(MK)^{\frac{\sigma - 1}{\sigma}}\right]^{\frac{\sigma}{\sigma - 1}} \tag{2.19}$$

式（2.19）中，M表示资本效率，N表示劳动效率，又假设生产要素按照边际产出获得报酬，而且资本要素和劳动要素按边际产出获得报酬分别为r和w。另外，还假设存在某个基准点，总产出、资本投入、劳动投入的基准值分别为Y_0，K_0，L_0，在基准点上有如下关系成立：

$$\frac{1 - \alpha}{\alpha} = \frac{w_0 L_0}{r_0 K_0} \tag{2.20}$$

由基准点关系式（2.20）及CES生产函数的表达式可得到式（2.21）和式（2.22）：

$$M_0 = \frac{Y_0}{K_0} \tag{2.21}$$

$$N_0 = \frac{Y_0}{L_0} \tag{2.22}$$

则资本和劳动要素增强型技术进步分别为：

$$M_t = M_0 e^{g_K(t, t_0)} \tag{2.23}$$

$$N_t = N_0 e^{g_L(t, t_0)} \tag{2.24}$$

为了对生产函数进行标准化，引入规模因子ξ，并令$\xi \bar{Y} = Y_0$，$\bar{L} = L_0$，$\bar{K} = K_0$，$\bar{t} = t_0$，这里$\bar{Y}$，$\bar{K}$，$\bar{L}$，$\bar{t}$分别表示总产出样本均值、资本样本均值、劳动样本均值、时间样本均值。那么对资本一阶条件、劳动一阶条件、CES生产函数进行标准化即可得到：

$$\ln\left(\frac{r_t K_t}{Y_t}\right) = \ln\alpha + \frac{\sigma - 1}{\sigma}\ln\xi - \frac{\sigma - 1}{\sigma}\ln\left(\frac{Y_t/\bar{Y}}{K_t/\bar{K}}\right) + \frac{\sigma - 1}{\sigma}g_K(t, \bar{t}) \tag{2.25}$$

$$\ln\left(\frac{w_t L_t}{Y_t}\right) = \ln(1 - \alpha) + \frac{\sigma - 1}{\sigma}\ln\xi - \frac{\sigma - 1}{\sigma}\ln\left(\frac{Y_t/\bar{Y}}{L_t/\bar{L}}\right) + \frac{\sigma - 1}{\sigma}g_L(t, \bar{t}) \tag{2.26}$$

$$\ln\left(\frac{Y_t}{\overline{Y}}\right) = \ln\xi + \frac{\sigma}{\sigma - 1}\ln\left[(1-\alpha)\left(\frac{L_t}{\overline{L}}\exp\left(g_L(t,\bar{t})\right)\right)^{\frac{\sigma-1}{\sigma}} + \alpha\left(\frac{K_t}{\overline{K}}\exp\left(g_K(t,\bar{t})\right)\right)^{\frac{\sigma-1}{\sigma}}\right] \tag{2.27}$$

进一步假设两种要素的技术效率增长率为Box-Cox型，具体如式（2.28）和式（2.29）所示：

$$g_L(t,\bar{t}) = \bar{t}\frac{\gamma_L}{\lambda_L}\left[\left(\frac{t}{\bar{t}}\right)^{\lambda_L} - 1\right] \tag{2.28}$$

$$g_K(t,\bar{t}) = \bar{t}\frac{\gamma_K}{\lambda_K}\left[\left(\frac{t}{\bar{t}}\right)^{\lambda_L} - 1\right] \tag{2.29}$$

其中，γ_K表示资本效率的增长率参数，γ_L表示劳动效率的增长率参数，λ_L表示资本效率的技术曲率，λ_L表示劳动效率的技术曲率，为了对方程进行标准化，假设ξ表示规模因子。在假设要素技术效率的增长率如式（2.28）和式（2.29）后，要素效率的增长率就能随时间的变化而变化，而不是指数型增长率。将式（2.28）和式（2.29）代入式（2.25）、式（2.26）和式（2.27）可得到标准化的三方程供给面系统方程组：

$$\ln\left(\frac{r_tK_t}{Y_t}\right) = \ln\alpha - \frac{\sigma-1}{\sigma}\ln\left(\frac{Y_t/\overline{Y}}{K_t/\overline{K}}\right) + \frac{\sigma-1}{\sigma}\ln\xi + \frac{\sigma-1}{\sigma}\bar{t}\frac{\gamma_K}{\lambda_K}\left(\left(\frac{t}{\bar{t}}\right)^{\lambda_K} - 1\right) \tag{2.30}$$

$$\ln\left(\frac{w_tL_t}{Y_t}\right) = \ln(1-\alpha) - \frac{\sigma-1}{\sigma}\ln\left(\frac{Y_t/\overline{Y}}{L_t/\overline{L}}\right) + \frac{\sigma-1}{\sigma}\ln\xi + \frac{\sigma-1}{\sigma}\bar{t}\frac{\gamma_L}{\lambda_L}\left(\left(\frac{t}{\bar{t}}\right)^{\lambda_L} - 1\right) \tag{2.31}$$

$$\ln\left(\frac{Y_t}{\overline{Y}}\right) = \ln\xi + \frac{\sigma}{\sigma - 1}\ln\left[\alpha\left(\frac{K_t}{\overline{K}}\exp\left(\bar{t}\frac{\gamma_K}{\lambda_K}\left(\left(\frac{t}{\bar{t}}\right)^{\lambda_K} - 1\right)\right)\right)^{\frac{\sigma-1}{\sigma}} + (1 - \alpha)\left(\frac{L_t}{\overline{L}}\exp\left(\bar{t}\frac{\gamma_L}{\lambda_L}\left(\left(\frac{t}{\bar{t}}\right)^{\lambda_L} - 1\right)\right)\right)^{\frac{\sigma-1}{\sigma}}\right] \quad (2.32)$$

由式（2.30）—（2.32）构成的方程组即为标准化的三方程供给面系统方程组，参考 Klump et al.（2007）、Leòn-Ledesma et al.（2010）的研究，对由式（2.30）—（2.32）所组成的标准化的三方程供给面系统方程组，可以运用广义非线性最小二乘法（FGNLS）进行估计，而对非线性方程系统的估计涉及初始值的选择问题，本章对初始值的选择参照陈晓玲、连玉君（2012）的做法，最后即可得到参数的估计结果。

以上三种参数要素替代弹性的估计方法虽然在现有文献中都有应用，但是这三种方法都有自身的使用环境。对于本书的研究来说这三种方法并不都适用，其中推断法不能测算出要素替代弹性的具体数值，只能大致判断其范围；单方程估计法操作相对比较容易，但其对技术的增长形式有具体限制，且有系统偏差。比较而言，方程组系统估计法更加稳健，因此，本书在后续研究中采用这一方法进行参数要素替代弹性的估计。

（3）测算技术进步偏向指数的具体步骤。

根据戴天仕等（2010）的做法所构建的技术进步偏向指数（*bias*）以及对生产函数相关参数的估计结果，本书对技术进步偏向指数（*bias*）的测算步骤具体如下：第一步，利用三方程标准化系统式（2.30）—（2.32）估计出资本和劳动的替代弹性（σ）和资本密集度（α）；第二步，用式（2.8）和式（2.9）计算（M_t）和（N_t）；第三步，用式（2.7）计算技术进步偏向指数（*bias*）。

第三节　劳动收入份额决定的相关理论

一、资本产出比的影响

根据 Bentolila 等（2003）的研究，如果生产函数的表达式为 $Y = F(K, L)$，其中 K，L 分别表示资本投入和劳动投入，且生产函数满足规模报酬不变的条件，市场为完全竞争，且不考虑技术进步，那么存在如下关系：

$$Y = F(K, L) = Kf\left(1, \frac{L}{K}\right) = Kf(l) \tag{2.33}$$

式（2.33）中 $F(\cdot)$ 和 $f(\cdot)$ 分别表示生产函数的不同形式，且 $l = L/K$。

厂商的目标函数为：

$$\max \pi = PY - wL - rK \tag{2.34}$$

即

$$\max \pi = KPf(l) - Kwl - rK \tag{2.35}$$

由一阶条件可得：

$$\frac{\partial \pi}{\partial l} = KPf'(l) - Kw = 0 \tag{2.36}$$

即

$$\frac{w}{P} = f'(l) \tag{2.37}$$

那么，劳动收入份额就是：

$$\alpha_L = \frac{wL}{PY} = f'(l)\frac{L}{Kf(l)} = \frac{lf'(l)}{f(l)} \tag{2.38}$$

令 $k = K/Y$ 表示资本产出比，那么：

$$k = \frac{K}{Kf(l)} = \frac{1}{f(l)} \tag{2.39}$$

由反函数的定义得：

$$l = \varphi(k) \tag{2.40}$$

由式（2.38）—（2.40）可得：

$$\alpha_L = g(k) = k \cdot \varphi(k) \cdot f'(\varphi(k)) \tag{2.41}$$

由式（2.41）可知α_L是k的函数，Bentolila等称之为sk线。对于不同具体形式的生产函数，这一关系有明显差异。例如，当生产函数为C-D形式时，$Y = AK^{\alpha}L^{1-\alpha}$，$\alpha_L = 1 - \alpha$，此时，$\alpha_L$与$k$无关，这时在经济增长的过程中要素收入份额稳定不变。又比如，如果生产函数的表达式为式（2.42）：

$$Y = \left[\alpha K^{\frac{\sigma-1}{\sigma}} + (1-\alpha)L^{\frac{\sigma-1}{\sigma}}\right]^{\frac{\sigma-1}{\sigma}} \tag{2.42}$$

劳动收入份额为：

$$\alpha_L = 1 - \alpha k^{\frac{\sigma-1}{\sigma}} \tag{2.43}$$

此时，α_L是k的单调函数，但其是增函数还是减函数要看要素替代弹性（σ）处于什么范围，具体来说：①当$0 < \sigma < 1$时，资本与劳动总体上为互补关系，α_L是k的增函数；②当$\sigma = 1$时，α_L与C-D生产函数的情况一致，即为常数$1 - \alpha$；③当$\sigma > 1$时，资本与劳动要素为替代关系，α_L是k的减函数。

二、技术进步偏向因素

在不增加要素投入的情况下，如果产出的数量出现提升，或者说厂商能够以更少的要素投入获得既定的产量，那么就称生产过程存在技术进步。然而，技术并不一定总是呈现中性，有可能存在一定的要素偏向特性。按照Acemoglu（2003）的研究，假设生产函数为CES形式，如式（2.44）：

$$Y = \left[(1-\alpha)(NL)^{\frac{\sigma-1}{\sigma}} + \alpha(MK)^{\frac{\sigma-1}{\sigma}}\right]^{\frac{\sigma}{\sigma-1}} \tag{2.44}$$

利用公式（2.41）即可得劳动收入份额为：

$$\alpha_L = 1 - \alpha(Mk)^{\frac{\sigma-1}{\sigma}} \tag{2.45}$$

由式（2.45）可知，如果技术是资本增强型，也即M提高，那么其就会对劳动收入份额有一定的影响，但具体影响大小及方向要看要素替代弹性的大小而定。具体来说：①如果$0 < \sigma < 1$，那么α_L是M的增函数；②如果$\sigma > 1$，那么α_L是M的减函数。如果技术是劳动增强型，也即N提高，不论要素替代弹性取值如何，其对劳动收入份额不产生影响。Acemoglu（2003）

认为，在经济均衡增长路径上，通常发生的不是前一种技术，而是后一种技术，因而此时劳动收入份额较为稳定；在经济转型路径上，主要发生前一种技术，所以其会影响劳动收入份额。

三、市场不完全竞争

（1）产品市场不完全竞争。

在市场完全竞争情况下，要素按照边际产出获得报酬，也即劳动者工资等于劳动的边际产出，资本的利息等于资本的边际产出，而产品也按照其边际成本进行定价。然而市场完全竞争的假定显然与现实不相符，当产品市场为不完全竞争时，企业往往并不是根据产品的边际成本进行定价，而是根据自身垄断能力进行成本加成定价。假设企业成本加成定价如式（2.46）所示：

$$P = \mu MC \tag{2.46}$$

式中，P表示产品价格，MC表示边际成本，μ表示加成比例。

根据式（2.37），得到不完全竞争市场上企业利润最大化的一阶条件，如式（2.47）所式：

$$f'(l) = \mu \frac{w}{P} \tag{2.47}$$

由式（2.38）得到劳动收入份额为：

$$\alpha_L = \frac{wL}{PY} = \frac{1}{\mu} f'(l) \frac{lK}{Kf(l)} = \frac{lf'(l)}{\mu f(l)} = \frac{g(k)}{\mu} \tag{2.48}$$

由式（2.48）可以看出，一旦考虑了产品市场不完全竞争的情况，α_L不仅受k的影响，还受价格加成比例μ的影响。如果μ能够不定期变动，例如假设价格加成比例μ有顺经济周期特征，那么α_L会呈现出逆周期波动。

（2）劳动力市场不完全竞争。

除了产品市场不完全竞争外，考虑劳动力市场不完全竞争也是对新古典经济学模型的一个修正，而且工会力量及劳动制度对劳动力市场的影响使得考虑劳动力市场不完全竞争的情况更加符合现实。下面以Blanchard（1997）和Bentolila & Saint-Paul（2003）的有效讨价还价模型为例，对劳动力市场不完全竞争情况下劳动收入份额的变动进行说明。

假定工人工资和用工人数是劳动供求双方即工会和厂商谈判的结果，而且劳资双方谈判的均衡条件为保留工资等于劳动边际产出，最终工人工资为保留工资与劳动平均产出的加权平均值，权重由劳资双方的谈判力量决定。

式（2.37）利润最大化的一阶条件在此处变为：

$$\frac{w}{P} = \theta \frac{f(l)}{l} + (1 - \theta) \frac{\overline{w}}{P} \tag{2.49}$$

式（2.49）中，θ 为工会谈判能力的大小，从而得到劳动收入份额为式（2.50）：

$$\alpha_L = \frac{wL}{PY} = \frac{wlK}{PKf(l)} = \frac{wl}{Pf(l)} = \theta + (1 - \theta) \frac{lf'(l)}{f(l)} = \theta + (1 - \theta)g(k) \tag{2.50}$$

进一步假设生产函数为CES形式，如式（2.51）：

$$Y = A\left[\alpha K^{\frac{\sigma - 1}{\sigma}} + (1 - \alpha)L^{\frac{\sigma - 1}{\sigma}}\right]^{\frac{\sigma - 1}{\sigma}} \tag{2.51}$$

式（2.51）这里不考虑技术进步偏向，则劳动收入份额的具体形式为式（2.52）：

$$\alpha_L = 1 - \alpha(1 - \theta)(Ak)^{\frac{\sigma - 1}{\sigma}} \tag{2.52}$$

由式（2.52）可知，工会谈判力量越强，劳动收入份额越高。

四、经济开放因素

由于各国经济融入经济一体化的程度越来越深，尤其是二战后一些新兴经济体加入全球化的市场体系之中，大量文献研究认为其会对劳动收入份额有较大影响。一般来说，经济开放因素的影响主要是通过国际贸易和外商直接投资两大因素的作用实现的，以下分别就这两方面的因素进行叙述。

（1）国际贸易因素。

关于这一因素的影响，理论基础主要来源于赫克歇尔（Heckscher）和俄林（Ohlin）提出的要素禀赋理论（又称H-O定理）。按照H-O定理，由于不同国家之间的要素禀赋存在差异，这使得各个国家的比较优势有所不同，从而各个国家可以利用各自的比较优势进行专业化生产，并通过贸易提升双方的福利水平。根据H-O定理，假定国际市场上存在两个要素禀赋不同的国家，而且生产过程中只需要两种生产要素，如资本和劳动。对于资本相对丰裕的国家，在进行国际贸易时，其应该出口大量使用资本要素生产的产品，且进口大量使用劳动要素生产的产品，进而资本相对丰裕的国家对资本需求增多，对劳动需求减少，因此其劳动收入在总收入中的占比会减少；对于劳动要素相对丰裕的国家，在进行国际贸易时，其应该出口大量使用劳动要素生产的产品，且进口大量使用资本要素生产的产品，进而劳动相对丰裕的国家对劳动需求增多，对资本需求减少，因此其劳动收入在总收入中的占比会增多。由于资本相对丰裕的国家往往是发达国家，而劳动相对丰裕的国家往往是欠发达国家，因此根据H-O定理，国际贸易使得发达国家劳动收入份额下降，欠发达国家劳动收入份额上升。

斯托尔珀（Stolper）和萨缪尔森（Samulesan）对H-O定理进行进一步的拓展，提出了要素价格均等化理论（H-O-S定理）。根据H-O-S定理，各国要素价格在国际贸易存在的条件下将逐渐趋向均等化，因此可以得出这样一个结论，各个国家劳动收入在总收入中的占比将会位于某个稳定不变的数值上。

（2）外商直接投资（FDI）因素。

邓宁（Dunning）通过一系列的研究较为详细地分析了外商直接投资（FDI）的成因，并提出了外商直接投资（FDI）的区位优势理论。根据这一理论，东道国的要素禀赋结构、市场环境、地理位置等方面的优势决定了该地区是否能够吸引外资进入。邓宁认为劳动密集型产品的生产企业往往会选择将劳动力资源丰裕的国家或地区作为其投资目的地，相反资本密集型产品的生产企业会将投资目的地放在资本要素丰裕的国家或地区。因此，随着外资的进入，东道国要素丰裕部门的生产规模将会进一步增大，丰裕要素的收入占比就会增加。根据邓宁（Dunning）的外商直接投资（FDI）区位优势理论，外商直接投资（FDI）使得劳动相对丰裕的国家劳动收入份额提高，资本相对丰裕的国家劳动收入份额降低。

Decreuse和Maarek（2008）也提出了外资进入对劳动收入份额影响的相关理论，其观点主要认为FDI对某一经济体劳动收入占比的影响并不是简单的正向或负向关系，而是存在两种相反的作用机制。他把正向作用机制称为工资竞争机制，这种机制认为外资企业的员工工资往往比内资企业高，外资企业的这种高工资策略使得内资企业也要提高员工工资水平。这样一来，整个劳动市场上的工资水平有所提高，所以东道国劳动收入在总收入中的占比就会上升。除了工资竞争这种正向机制外，Decreuse和Maarek认为还存在一种负向作用机制，并称之为技术领先机制。这主要是由于外资企业在融资能力和先进技术方面有一定的优势，故外资企业劳动生产率提高较快，但工资提高速度却较慢，这将使得东道国劳动收入份额不升反降。因为东道国劳动收入份额受FDI引致的两种相反作用机制的影响，其最终变化将取决于这两种作用机制的相对大小。

五、经济转型的影响

由于新古典经济学框架下各种劳动收入份额的决定理论与现实并不完全一致，与此同时，发展中国家正处在工业化过程中，因此大量文献研究认为经济结构的巨变会对劳动收入份额产生较大的影响，国内文献中有代表性的理论是李稻葵等（2009）提出的劳动力转移理论模型，该模型是在Lewis（1954）二元经济理论基础上结合中国实际提出的用来描述城乡二元经济结构下劳动收入份额的变动。根据这一理论模型，经济体中的劳动力会由于工业化的推进而离开生产率较低的农业部门，进入生产率较高的工业部门，在劳动力转移过程中，劳动收入在总收入中的占比存在三个不同的变化阶段：第一阶段为转移初期，在这一阶段工业部门劳动边际产出比农业部门劳动边际产出大，经济体总产出的增长速度要大于工资的增长速度，所以劳动收入在总收入中的占比会不断下滑；第二阶段为转移中期，由于劳动力大量转向工业部门，工业部门劳动边际产出将会下降，而农业部门则会由于劳动力转出而使其劳动边际产出提高，这一阶段工资继续上升，而且经济体总产出的增长速度与工资增长速度趋于一致，最终劳动收入在总收入中的占比下滑至经济发展阶段的最低点；劳动力转移的最后一个阶段为转移末期，由于劳动力继续向工业部门转移，工业部门劳动边际产出进一步降低，但农业劳动力由于不断对外转移而使其边际产出进一步提高，劳动力的工资水平仍然继续提高，这一阶段总产出的增长速度要低于工资增长速度，从而劳动收入份额上升，且直到农业劳动边际产出与工业劳动边际产出一致为止。

小 结

本章从三个方面论述了本书的理论基础，第一，对劳动收入份额的定义与度量方法进行了论述，尤其是对劳动收入中自我雇佣者的收入归属问题以及生产税净额的归属问题做了明确说明。第二，详细说明技术进步偏向各种不同的定义及测度方法，对于技术进步偏向的定义，本书详细讨论了希克斯技术进步偏向、哈罗德技术进步偏向、索洛技术进步偏向三种定义的差异。对于其测算方法，本章重点介绍了通过三方程供给面系统方法估计CES生产函数相关参数，从而计算技术进步偏向指数，这部分内容也是后文的理论与实证分析基础。第三，本章分别从资本产出比、技术进步偏向、市场结构、开放因素、经济结构等因素对劳动收入份额决定的相关理论进行了论述。通过对已有理论的梳理与比较，发现技术进步偏向因素对劳动收入份额变动的解释能力相对较大。因此，在已有研究的基础上，本书首先结合中国的数据，基于技术进步偏向的原始含义，分别从内源性影响因素和外源性影响因素论述技术进步偏向的来源。然后，将劳动投入分为技能劳动和非技能劳动，并分析了技术进步偏向对异质性劳动收入份额的不同影响。最后，本书基于技术进步偏向视角，详细研究了其对劳动收入份额影响的空间溢出效应及其区域差异。总之，通过对以上三方面已有理论的梳理与总结，为本书后续研究提供了较为坚实的理论基础。

第三章 我国技术进步偏向测度及其对劳动收入份额变动的贡献

在劳动收入份额的所有影响因素中，技术进步偏向作为一个重要的因素受到了广泛关注，这主要是因为基于投入产出理论，要素收入的分配结构是由生产投入决定的，生产投入又涉及要素的投入结构以及与之相匹配的技术选择。然而，在要素禀赋既定的条件下，技术进步并不一定会以相同的速度来提高每一种要素的效率，当技术进步对不同要素的效率产生非对称性影响时，技术进步便呈现出一定的偏向性，因此，考虑技术进步偏向这一因素对于理解劳动收入份额变动十分关键。然而，我国技术进步整体上是否呈现中性，如果不是中性，其要素偏向具有什么特征？其对我国劳动收入份额有没有影响？如果有影响，那么其贡献有多大？本章主要探究以上问题的答案。

目前已有大量文献研究了技术进步偏向这一因素对劳动收入份额的影响，总体上来看这些文献的观点可以分为两类：第一类观点认为我国技术进步偏向对劳动收入份额的影响不明显。白重恩等（2008）通过建立计量经济模型进行分析后表明，劳动收入份额的主要决定因素是垄断程度和国有部门改制，并不是有偏技术进步。罗长远等（2009）建立了联立方程模型，并利用1987—2004年中国省际面板数据分析后发现，我国劳动收入份额的下滑受技术进步方面因素的影响并不显著，外商直接投资、经济发展水平、民营化对劳动收入份额有显著的负向影响，资本密集产品出口、财政支出、资本深化及人力资本对劳动收入份额有正向影响。而在白重恩等（2010）的研究文献中，其采用1985—2003年省际面板数据作为样本，研究发现不同时段结果有所差异，在1985—1995年样本期有偏技术进步对其有正向作用，但在1996—2009年样本期影响不明显。章上峰等（2016）通过结构分解的方法将劳动收入份额分解成市场扭曲因素和技术进步偏向因素，结合中国1978—2013年的数据分别测算了两种因素的贡献率，结果表明技术进步偏向因素的影响作用很小。

第二类观点认为在所有影响因素中技术进步偏向是关键影响因素。黄先海等（2009）利用技术进步偏向的定义推导出劳动收入份额变动的分解公式，并认为其变化由技术进步偏向因素、要素投入变动因素及乘数因素三个因素决定；通过对1997—2006年我国劳动密集部门和资本密集部门劳动收入份额的进一步分解，结果发现，不论是对于劳动密集型部门还是对于资本密集部门，技术进步偏向因素的影响都是很大的。戴天仕等（2010）构建了一个指数对技术进步偏向进行量化，结合我国全国层面的时间序列数据进行研究，结果发现在此期间的大部分时间里技术进步偏向资本要素，而且偏向资本的速度呈加快趋势，这表明在此期间技术更有利于资本边际产出，而且，在排除要素投入变动的情况下，劳动收入份额会降低。陈宇峰等（2013）构建了一个生产决策模型以考虑我国转型时期劳动收入份额，结果发现，对单个产业来说，垄断利润率是其短期变化的主要原因，技术进步偏向是其长期较低的主要原因。姚毓春等（2014）对1985—2013年我国工业部门劳动收入份额进行了结构分解，结果认为，技术进步偏向是其变化的主要原因，而行业结构变化对工业部门劳动收入份额的作用较小。薛营等（2017）采用结构分解法，研究发现1978—2012年中国技术进步具有明显的资本偏向特征，而且是劳动收入份额在此期间发生变化的主要原因。文雁兵等（2018）通过构建了一个一般性的模型，并利用1998—2013年期间我国工业企业数据库的数据，从市场竞争视角和制度质量视角分析了劳动收入份额的决定因素与机制，结果发现，这两种机制都发挥重要作用，但市场竞争机制的作用相对更大。王林辉等（2018）对劳动收入份额作了更深入的结构分解，研究结果发现，技术进步偏向的影响具有双重效应，一是同一个产业内技术进步偏向的影响，其在产业内部影响要素边际产出，从而改变劳动收入份额；二是不同产业之间技术进步偏向的影响，其导致要素跨产业流动，改变产业规模的相对大小，并最终改变劳动收入份额。

已有文献之所以存在两类不同的观点，究其原因，主要有如下三点：第一，研究对象不同，部分文献基于单一产业，而部分文献基于经济整体；

第二，考察的时间段不同，部分文献为2005年之前的数据，部分文献为2005年之后的数据；第三，研究方法也有所差异，有的文献采用结构分解的方法，也有文献运用计量经济学的回归分析法。本章针对已有文献的不足，拟在以下几个方面进行拓展，首先，本章利用1978—2017年的数据，考察时间跨度较长，这使得研究的样本区间覆盖面更宽；其次，本章以我国整体劳动收入份额作为研究对象，这样可以从整体上分析我国技术进步偏向对其影响的规律；最后，本章采用结构分解的方法进行分析，虽然计量回归的方法便于同时分析多个因素的影响，但其在变量选择上有一定的主观性，容易掩盖问题的真相，而结构分解法对分析主导因素相对更有说服力，所以本章采用结构分解法将我国劳动收入份额变动分解为技术进步偏向因素和要素投入变动因素两方面的影响。

第一节　劳动收入份额变动的结构分解

假定经济体的生产函数为CES形式：

$$Y = \left[(1-\alpha)(NL)^{\frac{\sigma-1}{\sigma}} + \alpha(MK)^{\frac{\sigma-1}{\sigma}}\right]^{\frac{\sigma}{\sigma-1}} \tag{3.1}$$

式（3.1）中，Y表示总产出，L表示劳动投入，K表示资本投入，M表示资本效率，N表示劳动效率，σ表示资本与劳动要素替代弹性，α表示资本密集度，且$0 < \alpha < 1$。按Hicks（1932）的研究观点，技术进步偏向分为三种情况：在资本劳动投入比（K/L）既定的情况下，技术进步发生之后，①若资本边际产出提高相对较多，即MP_K/MP_L增加，那么此时称技术进步偏向资本；②若劳动边际产出提高相对较多，即MP_K/MP_L减小，那么此时称技术进步偏向劳动；③若两种要素的边际产出变动相同，即MP_K/MP_L不变，那么此时称技术进步为Hicks中性。根据Hicks的这一定义，对资本劳动边际产出比（MP_K/MP_L）进行全微分即可判断技术进步偏向特征，如式（3.2）所示：

$$\frac{\partial(MP_K/MP_L)}{\partial(M_t/N_t)} \cdot \frac{\mathrm{d}(M_t/N_t)}{\mathrm{d}t} = \frac{\alpha}{1-\alpha} \cdot \left(\frac{K_t}{L_t}\right)^{-\frac{1}{\sigma}} \cdot \frac{\mathrm{d}(M_t/N_t)^{\frac{\sigma-1}{\sigma}}}{\mathrm{d}t} \tag{3.2}$$

式（3.2）中，MP_K表示资本边际产出，MP_L表示劳动边际产出，由式

（3.2）可知，技术进步偏向不单单由资本效率和劳动效率的相对增长速度决定，还由要素替代弹性决定。具体来说，①当$0 < \sigma < 1$时，资本与劳动呈互补关系，如果资本效率增速相对来说更大，那么此时称技术进步偏向劳动；相反，如果劳动效率增速相对来说更大，那么此时称技术进步偏向资本。②当$\sigma > 1$时，资本与劳动呈替代关系，如果资本效率增速相对来说更大，那么此时称技术进步偏向资本；相反，如果劳动效率增速相对来说更大，那么此时称技术进步偏向劳动。③当$\sigma = 1$时，CES生产函数即退化为C-D生产函数，此时称技术进步为Hicks中性。

首先应该求出劳动收入份额的表达形式，并分离出技术进步偏向的作用，从而量化分析技术进步偏向对其影响程度。对CES生产函数关于劳动（L）求一阶条件即可得到劳动边际产出（MP_L），对CES生产函数关于资本（K）求一阶条件即可得到资本边际产出（MP_K），这样利用要素边际产出与投入很容易得出劳动收入份额（sol）和资本收入份额（sok）为：

$$sol = \frac{MP_L L}{Y} = (1 - \alpha)\left(\frac{NL}{Y}\right)^{\frac{\sigma - 1}{\sigma}} \tag{3.3}$$

$$sok = \frac{MP_K K}{Y} = \alpha\left(\frac{MK}{Y}\right)^{\frac{\sigma - 1}{\sigma}} \tag{3.4}$$

结合式（3.3）和（3.4）可知，劳动效率可以通过劳动的边际产出作用于劳动收入份额，资本效率可以通过资本的边际产出作用于资本收入份额。因此，如果要研究技术进步偏向方面的因素对劳动收入份额变动的贡献程度，就需要分析资本效率和劳动效率对其产生的影响。考虑劳动相对收入份额（rsl）在分析时比较方便，其表达式为式（3.5）：

$$rsl = \frac{sol}{sok} = \frac{1 - \alpha}{\alpha}\left(\frac{M}{N}\right)^{-\frac{\sigma - 1}{\sigma}}\left(\frac{K}{L}\right)^{-\frac{\sigma - 1}{\sigma}} \tag{3.5}$$

关于式（3.5）对时间t求导，可得劳动相对收入份额（rsl）的变化率为式（3.6）：

$$\frac{\dot{rsl}}{rsl} = -\frac{\sigma - 1}{\sigma}\frac{\mathrm{d}(M/N)/\mathrm{d}t}{M/N} - \frac{\sigma - 1}{\sigma}\frac{\mathrm{d}(K/L)/\mathrm{d}t}{K/L} \tag{3.6}$$

等式（3.6）右边第一项中含有的变量只有资本效率和劳动效率，故其表示由技术进步偏向引致的劳动相对收入份额变动；第二项表示要素投入变动引致的劳动相对收入份额变动。①当$0 < \sigma < 1$时，若资本劳动投入比（K/L）增加，要素投入变动使劳动收入份额上升（第二项上升），在这种情况下，如果技术进步偏向的作用也使得劳动收入份额上升（第一项上升），那么技术进步偏向对劳动收入份额的作用与要素投入变动对劳动收入份额的作用方向相同，因而劳动收入份额会有所上升；但是，如果技术进步偏向的作用使得其下降（第一项下降），那么技术进步偏向对劳动收入份额的作用与要素投入变动对劳动收入份额的作用方向相反，因而劳动收入份额的最终结果取决于要素投入变动的作用和技术进步偏向的作用这二者的相对大小。②当$\sigma > 1$时，若资本劳动比（K/L）增加，要素投入变动的作用使劳动收入份额下降（第二项下降），在这种情况下，如果技术进步偏向的作用也使得其下降（第一项下降），那么技术进步偏向对劳动收入份额的作用与要素投入变动对劳动收入份额的作用方向相同，因而劳动收入份额有所下降；但是，如果技术进步偏向的作用使得劳动收入份额上升（第一项上升），那么技术进步偏向对劳动收入份额的作用与要素投入变动对劳动收入份额的作用方向相反，因而劳动收入份额的最终结果取决于要素投入变动的作用和技术进步偏向的作用这二者的相对大小。③当$\sigma = 1$时，劳动相对收入份额变化率为0（$\dot{rsl}/rsl = 0$），此时劳动收入份额不变。

第二节　技术进步偏向的测度

一、技术进步偏向指数构建

本书所考虑的技术进步偏向主要是指资本偏向或劳动偏向，为简化本书所要分析的问题，假设只存在两种要素资本（K）和劳动（L），且生产函数为式（3.7）：

$$Y = \left[(1 - \alpha)(NL)^{\frac{\sigma - 1}{\sigma}} + \alpha(MK)^{\frac{\sigma - 1}{\sigma}}\right]^{\frac{\sigma}{\sigma - 1}} \tag{3.7}$$

其中，M表示资本效率，N表示劳动效率，σ表示要素替代弹性，α表示资本密集度，且$0 < \alpha < 1$。若市场完全竞争，则容易得到资本的边际产

出（MP_K）与劳动的边际产出（MP_L）。由于技术进步对不同要素技术效率的提升作用并非完全相同，故参考戴天仕等（2010）对技术进步偏向指数（$bias$）的定义可得：

$$bias_t = \frac{1}{MP_K/MP_L} \cdot \frac{\partial(MP_K/MP_L)}{\partial(M_t/N_t)} \cdot \frac{\mathrm{d}(M_t/N_t)}{\mathrm{d}t} = \frac{\sigma - 1}{\sigma} \cdot \frac{N_t}{M_t} \cdot \frac{\mathrm{d}(M_t/N_t)}{\mathrm{d}t} \quad (3.8)$$

式（3.8）的含义表明，这里采用技术进步发生后两种要素边际产出比的变化率作为量化指标，且式（3.8）大于0表明技术进步偏向资本，式（3.8）小于0表明技术进步偏向劳动。

二、要素替代弹性的参数估计

假设生产函数为常替代弹性形式CES如式（3.7）所示，参考戴天仕等（2010）对技术进步偏向指数的定义如式（3.8）所示。而要计算出式（3.8）中技术进步偏向指数（$bias$）的值，只要将资本技术效率M_t、劳动技术效率N_t和要素替代弹性σ代入即可。对于资本技术效率M_t、劳动技术效率N_t，很容易由CES生产函数及要素边际产出MP_K和MP_L得到，且如式（3.9）和（3.10）式所示：

$$M_t = \frac{Y_t}{K_t}\left(\frac{sok}{\alpha}\right)^{\frac{\sigma}{\sigma-1}} \quad (3.9)$$

$$N_t = \frac{Y_t}{L_t}\left(\frac{sol}{1-\alpha}\right)^{\frac{\sigma}{\sigma-1}} \quad (3.10)$$

式（3.9）和式（3.10）中，sok和sol分别表示资本收入份额和劳动收入份额，要素替代弹性σ和资本密集度α的值可参考Klump et al.（2007）、Leòn-Ledesma et al.（2010）的研究，由标准化的三方程供给面系统方程组法测算，对CES生产函数、资本的一阶条件、劳动的一阶条件标准化即可得到方程组系统式（3.11）—（3.13），具体操作过程可以参考第二章的理论基础部分，并且该系统的估计方法运用广义非线性最小二乘法（FGNLS），初始值的选择参照陈晓玲和连玉君（2012）的做法。

$$\ln\left(\frac{r_tK_t}{Y_t}\right) = \ln\alpha - \frac{\sigma-1}{\sigma}\ln\left(\frac{Y_t/\bar{Y}}{K_t/\bar{K}}\right) + \frac{\sigma-1}{\sigma}\ln\xi + \frac{\sigma-1}{\sigma}\bar{t}\frac{\gamma_K}{\lambda_K}\left(\left(\frac{t}{\bar{t}}\right)^{\lambda_K}-1\right) \tag{3.11}$$

$$\ln\left(\frac{w_tL_t}{Y_t}\right) = \ln(1-\alpha) - \frac{\sigma-1}{\sigma}\ln\left(\frac{Y_t/\bar{Y}}{L_t/\bar{L}}\right) + \frac{\sigma-1}{\sigma}\ln\xi + \frac{\sigma-1}{\sigma}\bar{t}\frac{\gamma_L}{\lambda_L}\left(\left(\frac{t}{\bar{t}}\right)^{\lambda_L}-1\right) \tag{3.12}$$

$$\ln\left(\frac{Y_t}{\bar{Y}}\right) = \ln\xi + \frac{\sigma}{\sigma-1}\ln\left[\alpha\left(\frac{K_t}{\bar{K}}\exp\left(\bar{t}\frac{\gamma_K}{\lambda_K}\left(\left(\frac{t}{\bar{t}}\right)^{\lambda_K}-1\right)\right)\right)^{\frac{\sigma-1}{\sigma}} + (1-\alpha)\left(\frac{L_t}{\bar{L}}\exp\left(\bar{t}\frac{\gamma_L}{\lambda_L}\left(\left(\frac{t}{\bar{t}}\right)^{\lambda_L}-1\right)\right)\right)^{\frac{\sigma-1}{\sigma}}\right] \tag{3.13}$$

三、数据说明

利用三方程供给面系统估计要素替代弹性（σ）需要用到历年总产出（Y）、历年资本存量（K）、历年劳动投入（L）、历年资本收入份额（sok）、历年劳动收入份额（sol）。对于总产出（Y）的数据，按照戴天仕等（2010）的做法，将各省份收入法GDP先按1978年不变价格折算，然后加总得到全国收入法GDP。资本存量（K）也由各省份数据加总得到全国数据，具体来说，利用永续盘存法公式$K_{t+1}=I_t+(1-\delta)K_t$，其中$\delta$为资本折旧率（已有文献对于折旧率的取值有所差异，但基本位于5%～15%之间，本书取中间值8%），K_t为期初资本存量，K_{t+1}为期末资本存量，也就是下期期初资本存量，I_t为投资水平，这里用固定资本形成总额表示。对于初始资本存量（K_{1978}）的估算，首先假定1952年各地区的资本产出比为2，结合1952—2004年各地区固定资本形成总额发展速度，及1978年各地区的固定资本形成总额得到以1978年价格表示的1952—2004年的固定资本形成总额，根据永续盘存法公式即可得到初始资本存量（K_{1978}）。2005—2017年投资水平

(I_t) 用投资价格指数转换为1978年不变价格表示的价值。劳动投入 (L) 采用年末就业人数表示。劳动收入份额 (sol) 由劳动所得与收入法GDP之比得到。资本收入份额 (sok) 由资本所得与收入法GDP之比得到。由于收入法GDP中生产税净额归属并不明确，按照戴天仕（2010）的做法将生产税净额按比例分摊给劳动所得和资本所得，具体分摊公式为：

$$劳动所得分摊比例=\frac{劳动者报酬}{劳动者报酬+营业盈余+固定资产折旧}$$

$$资本所得分摊比例=\frac{营业盈余+固定资产折旧}{营业盈余+固定资产折旧+劳动者报酬}$$

故最终劳动总收入是劳动者报酬再加上一部分生产税的分摊数额，资本总收入是固定资产折旧、营业盈余再加上一部分生产税的分摊数额。

以上数据来源于《新中国六十年统计资料汇编》、历年《中国统计年鉴》《中国国内生产总值核算历史资料（1952—1995）》《中国国内生产总值核算历史资料（1952—2004）》《中国劳动和就业年鉴》，历年各省《统计年鉴》，对于各省、自治区及直辖市个别年份缺失的数据，参考已有文献通行的做法补齐。

四、基于全国数据的测算结果与分析

（1）CES生产函数三方程供给面系统回归结果。

利用广义非线性最小二乘法（FGNIS）对三方程供给面系统式（3.11）—（3.13）进行参数估计，初始值的选择参照陈晓玲和连玉君（2012）的做法，表3.1为基于全国数据得到方程系统式（3.11）—（3.13）的参数估计结果。

表3.1　基于全国数据的CES生产函数参数估计结果

参数	ξ	σ	α	γ_K	γ_L	λ_K	λ_L
估计值	0.962***	0.987***	0.414***	−0.281	118.820***	0.287*	103.385***
t值	101.94	100.54	120.11	−1.21	3.76	1.73	14.39

注：作者根据Stata软件回归结果整理得到，其中，*、**、***分别表示参数在10%、5%、1%的水平下显著（以下各章含义相同）。ξ，σ，α分别表示规模因子、要素替代弹性、资本密集度。γ_K表示资本效率的增长率参数，γ_L表示劳动效率的增长率参数，λ_K表示资本效率的技术曲率，λ_L表示劳动效率的技术曲率。

由表3.1可知，各回归参数的估计值在1%的水平十分显著，其中规模系数（ξ）的估计值为0.962，非常接近于1；资本密集度（α）的估计值为0.414，要素替代弹性（σ）的估计值为0.987，且显著小于1，这表明我国劳动要素与资本要素在样本期内总体上呈现互补关系；劳动效率增长率参数（γ_L）的估计值为118.82，而资本效率增长率参数（γ_K）的估计值为-0.281，这表明劳动效率增长速度明显比资本效率增长速度快。

对于要素替代弹性（σ），本书估计的结果0.987与戴天仕等（2010）的估计结果0.736或0.845十分接近，但本书所用的数据延长至2017年，而戴天仕等（2010）使用的为1978—2005年的数据；与雷钦礼（2013）的估计结果（0.3～0.4之间）相差较大，这与其使用的估计方法及数据处理过程有较大关系。雷钦礼（2013）在估计中没有对一阶条件联立方程组进行标准化，且其假设技术进步增长模式为线性模式，在数据使用上，其使用的是1990—2012年的全国数据。

（2）技术进步偏向指数的测算结果。

表3.2 基于全国数据的技术进步偏向指数（1979—2017）

年份	技术进步偏向指数	年份	技术进步偏向指数	年份	技术进步偏向指数
1979年	−0.2423	1992年	0.2975	2005年	0.0081
1980年	0.0135	1993年	−0.0693	2006年	0.0578
1981年	−0.2574	1994年	−0.0262	2007年	0.0377
1982年	−0.0711	1995年	−0.1745	2008年	0.0088
1983年	0.0021	1996年	−0.0218	2009年	−0.0200
1984年	−0.0007	1997年	0.0112	2010年	0.2039
1985年	0.0315	1998年	−0.0353	2011年	−0.0041
1986年	−0.0114	1999年	0.0396	2012年	−0.0577
1987年	0.0456	2000年	0.0327	2013年	−0.0129
1988年	0.0014	2001年	0.4791	2014年	−0.0275
1989年	0.0051	2002年	0.0275	2015年	−0.0857
1990年	−0.0847	2003年	0.1649	2016年	0.0483
1991年	0.0702	2004年	0.0865	2017年	−0.0007

注：作者根据收集的数据测算得到。

基于以上相关参数估计的结果，很容易由式（3.9）和式（3.10）算出资本效率（M_t）和劳动效率（N_t），然后由式（3.8）算出历年（1979—2017年）技术进步偏向指数（$bias_t$），最终结果如表3.2所示。

第一，从技术进步偏向指数的大小看，技术进步偏向指数在少数时期小于0，多数时期大于0。结合前文所述技术进步偏向指数的含义可知，技术进步在绝大多数年份呈现资本偏向特征，在这些年份，技术进步对资本边际产出的作用效果相对较大，对劳动边际产出的作用效果相对较小，在资本劳动投入比既定的情况下，技术进步更有利于资本收入份额的提高，而对劳动收入份额有不利影响。

第二，技术进步偏向指数的变化趋势呈现出一定的阶段性特点，总体上可以划分为四个阶段。

阶段①：1978—1984年，技术进步偏向指数基本小于0。究其原因，在这一阶段，中国经济改革刚刚启动，当时的改革主要是在农业方面，中国农村开始实行联产承包责任制或包产到户，并开始允许个体从业者的经营行为，直到1981年，中国农村的责任制改革逐渐扩展到全国各省。在这一制度下，土地仍归公有，但农户对整个生产过程负全部责任，这一制度极大地调动了农业生产者的积极性，虽然在改革之初总劳动投入数量变化不大，资本积累速度并未加快，但有效劳动投入得到了极大提高。根据诱致性技术变迁理论，在某种要素丰裕度增加的情况下，技术进步偏向丰裕要素更有价值，因此，这一阶段中国技术进步总体上呈现劳动偏向特征。

阶段②：1985—1991年，技术进步基本偏向资本，但技术进步偏向指数总体上较小。这一阶段，中国经济改革逐渐展开，城市改革逐渐成为改革重点，受改革影响较大的是民营企业和国有企业，自由市场的大量增加是这一阶段十分典型的特征，这直接导致资本积累速度加快，而由于前一阶段实施的一系列提高生产者积极性的刺激政策，劳动增长已恢复到了正常水平，所以这一时期资本丰裕度相对提高。根据诱致性技术变迁理论，经济体的技术是由其要素禀赋内生决定的，资本要素更丰裕的经济体较容易衍生出资本偏向型技术，因此，在这一阶段技术进步总体呈现资本偏向特征，但技术进步偏向指数较小。

阶段③：1992—2007年，除少数年份外，技术进步继续偏向资本，技术进步偏向指数明显增大，且波动幅度较大。这一时期处于邓小平南方谈话之后，是中国经济改革的深化阶段，同时中国的经济改革在广度和深度上得到了进一步拓展，中国对外开放程度明显提高，民营资本和境外资本大量流入，所以整体上中国资本深化程度十分显著。以人均资本存量作为资本深化的指标，1992年人均资本存量为2625元，到2007年，人均资本存量为13938元，提高了约4.3倍（这里以1978年价格为不变价格），资本丰裕度显著提高，所以技术进步整体上偏向较为丰裕的资本要素。同时，这一时期也是中国工业化进程较快的时期，在中国进行工业化的过程中，中国的技术升级主要从发达国家和地区引进先进技术和设备，而发达国家和地区的技术创新优势主要依托其自身丰裕的物质资本和人力资本。与丰裕的物质资本和人力资本相匹配的技术进步具有典型的资本偏向特征，中国在从发达国家和地区引进先进技术和设备的过程中复制了这些地区的技术进步偏向特征。

在这一阶段，中国技术进步偏向指数波动性也较明显，这可能是由于在这一阶段中国要素市场不完善、要素市场化程度不高、受外源性政策干预较多。具体来说，为了推动中国的工业化进程，扶植国内企业发展，使出口商品更具有成本优势，国家通过行政干预对要素价格实行一定程度的控制，以降低国内企业的要素使用成本，这使得要素价格存在一定的扭曲现象。另外，在这一时期，中国大量的农村剩余劳动力从农村向城市转移，而中国的社会保障制度并不完善，还缺少完善的劳资谈判制度，这使得劳动力价格也存在严重扭曲。正是基于低廉的要素价格及环境成本，中国企业维持了其产品在国际市场上的竞争力，但同时，产品主要处于价值链底端，许多制造企业长期处于加工组装环节，整体上企业技术创新能力不强。面对不断扭曲的要素价格，成本最小化的企业在进行生产决策时必然会不断调整要素投入结构并选择与之相匹配的技术，因而企业所选择技术的要素偏向性必然会受到要素价格扭曲的较大影响。而且由要素价格扭曲引致的技术进步偏向特征与本地区的要素禀赋结构并不是完全匹配的，因而在此阶段，要素价格扭曲对其大幅波动有一定影响。

阶段④：2008—2017年，技术进步明显偏向劳动，技术进步偏向指数较小，且波动幅度也较小。这一阶段处于国际金融危机之后，为应对国际金融危机给中国经济带来的影响，中国政府实施了大规模经济刺激政策，中国资本深化程度进一步提高，然而在此阶段，企业更加注重增长的质量，而不是增长的数量，所以企业更加重视资本使用效率的提高，而不是资本的投入数量。当资本效率增速大于劳动效率增速时，在资本与劳动要素部分可替代的情况下（$0 < \sigma < 1$），技术进步明显更加偏向劳动要素。

在这一时期，技术进步偏向指数的波动程度较小，这可能与中国经济新常态下经济增长方式的转变有较大关系，随着中国进入经济新常态，传统依赖要素投入推动经济增长的方式使得经济增长的各种矛盾日益显现，如经济过度依赖投资、部分行业产能过剩、资源环境约束进一步收紧等。尤其前期大规模投资导致中国资本深化程度显著提高，这种粗放式的资本投入导致中国制造业规模迅速扩大，制造业产能迅速提升，但整体上我国资本效率明显低于劳动效率，而且在许多年份资本效率呈现负增长。这种资本效率增长迟缓导致的“资本低效率陷阱”，严重减缓了中国全要素生产率（TFP）的增长速度，结果出现产品附加值低、产品竞争力弱、产品在全球价值链中处于低端、国内重复建设严重、部分行业产能过剩等问题。最终企业利润空间受到严重挤压，倒逼企业关注要素效率对全要素生产率的影响，尤其倒逼企业通过技术创新提高资本效率，避免“资本低效率陷阱”的出现。此时技术进步偏向主要受要素效率相对提升速度的影响，而受要素价格扭曲的影响较小。在此阶段，企业对技术进步偏向的选择更加注重其是否有利于全要素生产率（TFP）的提高，所以其受要素价格扭曲的影响较小，故技术进步偏向指数总体上波动幅度较小。

第三，从技术进步偏向指数累积效应看，我国技术进步在样本期内明显偏向资本要素。

由于技术进步偏向指数在不同年份有一定的波动性，在样本期1978—2017年，部分年份还出现技术进步偏向指数符号的改变，为了得到更加直观的认识，参考戴天仕等（2010）的做法，利用历年指数计算出累积影响。计算技术进步偏向累积指数的具体公式为：

$$Mbias_t = (1 + bias_t)Mbias_{t-1} \tag{3.14}$$

式（3.14）中，$Mbias_t$表示从基期t_0到t期技术进步偏向累积指数，其含义是在不考虑要素投入发生变动的情况下，由技术进步变动所导致的t期资本劳动边际产出比是t_0期的倍数。$Mbias_{t-1}$表示从基期t_0到$t-1$期技术进步偏向累积指数。本书以1978年为基期，且假设基期技术进步偏向指数为1，则依次有：

$$Mbias_{1978} = 1$$
$$Mbias_{1979} = (1 + bias_{1979})Mbias_{1978}$$
$$Mbias_{1980} = (1 + bias_{1980})Mbias_{1979}$$
$$\cdots$$
$$Mbias_{2017} = (1 + bias_{2017})Mbias_{2016}$$

根据以上递推公式得到中国技术进步偏向累积指数如图3.1所示，很显然，尽管样本期内个别年份技术进步偏向存在一定波动性，甚至出现负数，但最终技术进步偏向累积指数明显偏向资本。

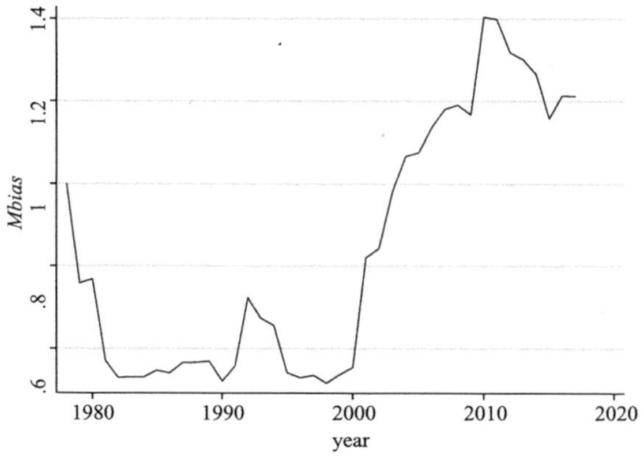

图3.1 1978—2017中国技术进步偏向累积指数

五、基于省际数据的测算结果与分析

(1) 省际要素替代弹性的参数估计。

再次利用三方程供给面系统式（3.11）—（3.13），并采用上文介绍的方法估计省际要素替代弹性及其他参数，估计结果如表3.3所示。

由表3.3可知，省际要素替代弹性（σ）绝大部分小于1，最大值为1.0523，最小值为0.4596，平均值为0.0155，标准差为0.1942，这表明大部分省份资本与劳动呈现互补关系。但省际要素替代弹性（σ）也存在一定的省际差异，其中：①位于0.95～1.05之间的地区有河北、内蒙古、吉林、江苏、山东、湖南、海南、四川、贵州、青海、宁夏，这几个地区的要素替代弹性比较接近于1，这表明这几个地区资本与劳动要素的关系接近希克斯中性；②超过1.05的地区有重庆，这一地区资本与劳动要素总体上呈现替代关系；③要素替代弹性明显小于0.95的地区有北京、天津、山西、陕西、辽宁、黑龙江、上海、浙江、安徽、福建、江西、河南、湖北、广东、广西、云南、西藏、甘肃、新疆，这些地区资本与劳动总体上呈现互补关系。各省的规模因子ξ估计值都接近于1，这与期望值比较接近。

表3.3　省际要素替代弹性参数估计（1978—2017年）

编号	省份	ξ	σ	α	γ_K	γ_L	λ_K	λ_L
1	北京	0.9232	0.8225	0.5438	0.0400	193.9324	−0.0001	683.5089
2	天津	0.9771	0.7892	0.5709	0.0001	824.6939	0.0843	46.5121
3	河北	0.9991	1.0453	0.4107	−0.0084	328.5095	0.0932	35.6803
4	山西	1.0241	0.8961	0.4999	−0.0243	−276.1912	0.1007	−98.8140
5	内蒙古	0.9458	0.9937	0.4579	0.6200	−159.2833	0.6061	−118.9128
6	辽宁	1.0001	0.8421	0.4934	0.0375	−24.1813	0.0373	55.2802
7	吉林	0.9240	0.9819	0.3916	−0.7462	53.9397	0.5683	94.5470
8	黑龙江	0.9309	0.7347	0.4526	−0.0340	18.9669	0.0852	52.5600
9	上海	0.9030	0.9212	0.5681	0.1125	−2.4886	−0.0692	−201.1612
10	江苏	0.8591	0.9959	0.4815	−1.0650	−111.4892	1.0823	−77.3822
11	浙江	1.2017	0.8239	0.4965	−0.0854	−17.8019	0.1179	−76.7475
12	安徽	0.9434	0.8585	0.3691	−0.1081	−31.4259	0.1373	26.1016
13	福建	1.0926	0.7313	0.3722	−0.0523	28.3827	0.1115	−19.8940
14	江西	0.8656	0.9351	0.3325	−0.2398	70.8480	0.2047	110.9929
15	山东	0.9863	0.9760	0.4479	−0.3217	45.3732	0.3504	58.3572
16	河南	1.0042	0.7877	0.3636	−0.0591	82.4594	0.1081	32.0144
17	湖北	0.9502	0.8516	0.3938	−0.0530	19.9467	0.1112	36.1071
18	湖南	0.9340	0.9563	0.3069	−0.2836	80.8816	0.2079	90.6340
19	广东	1.0508	0.9483	0.4055	−0.2529	−53.6805	0.2616	−14.1478
20	广西	0.9846	0.8055	0.3078	−0.0527	120.6019	0.1022	42.9766

续　表

编号	省份	ξ	σ	α	γ_K	γ_L	λ_K	λ_L
21	海南	0.9979	0.9774	0.3780	−0.2178	−262.3743	0.2222	−156.9762
22	重庆	1.0221	1.0523	0.4496	0.0084	320.4144	0.0608	−90.7298
23	四川	0.9707	0.9916	0.3863	−1.1139	14.8458	0.7772	41.9903
24	贵州	0.9294	0.9566	0.3144	−0.1097	112.1995	0.1267	83.4403
25	云南	1.0782	0.7760	0.4096	−0.0275	−80.0557	0.0833	−54.1939
26	西藏	0.9897	0.4596	0.1469	−0.0945	−56.8745	0.0860	16.6959
27	陕西	0.8990	0.9456	0.3747	−0.2225	77.0989	0.2249	99.4394
28	甘肃	0.9296	0.7226	0.3548	−0.0002	692.73	0.0863	54.5866
29	青海	0.8708	0.9797	0.3450	−0.5445	90.9251	0.3589	124.5944
30	宁夏	1.0347	0.9673	0.4022	−0.0002	−520.663	0.0714	−26.0795
31	新疆	1.0655	0.6458	0.3752	−0.0368	−93.1984	0.0833	−50.3664

注：作者根据Stata软件回归结果整理得到，ξ，σ，α分别表示规模因子、要素替代弹性、资本密集度。γ_K，γ_L分别表示资本增强型技术进步和劳动增强型技术进步的增长率参数。λ_K，λ_L分别表示资本增强型技术进步和劳动增强型技术进步的技术曲率。

（2）省际技术进步偏向指数的测算结果。

参照戴天仕等（2010）定义的公式（3.8），并利用上文估计的省际要素替代弹性σ、资本密集度α，即可求出各省历年资本效率M_t和劳动效率N_t；然后将资本效率M_t和劳动效率N_t代入公式（3.8）即可求出省际技术进步偏向指数，东、中、西部测算结果分别如表3.4、表3.5、表3.6所示（这里仅展示奇数年份的测算结果）。

首先，测算的省际技术进步偏向指数阶段性特征明显。在1984年之前，该指数在多数省份表现为负值，这与全国数据测算的结果具有一致性，这表明在1984年之前绝大多数省份技术进步偏向劳动；在1984年之后，该指数绝大多数为正值，这表明技术进步偏向资本。省际指数在1984年前后变化的原因与中国经济改革首先在农村开展有较大关系。

表 3.4　东部地区省际技术进步偏向指数

年份	1978年	1979年	1981年	1983年	1985年	1987年	1989年	1991年	1993年	1995年	1997年	1999年	2001年	2003年	2005年	2007年	2009年	2011年	2013年	2015年	2017年
北京	—	-0.0696	0.0029	0.0801	0.0208	-0.0294	-0.0476	0.0231	-0.2413	0.0659	0.0207	-0.0008	0.0175	-0.0168	-0.0659	0.0462	0.0323	-0.0117	-0.0325	-0.1237	0.0121
天津	—	-0.0511	0.1047	0.0275	0.2833	-0.06	-0.1132	-0.0231	-0.0931	-0.093	-0.1011	0.0793	0.0724	0.2045	0.0346	0.017	-0.0574	-0.0166	-0.0027	-0.0269	-0.098
河北	—	-0.0394	-0.0501	-0.0335	0.0777	0.0459	-0.0068	-0.2138	-0.1839	-0.1035	-0.0017	-0.1025	0.0069	0.071	-0.0215	-0.0207	-0.0806	0.2162	-0.0435	-0.0475	-0.0199
辽宁	—	-0.0719	-0.0685	-0.0561	0.1084	0.0227	0.0309	0.0215	-0.021	-0.0952	-0.0521	0.0874	0.0492	-0.0558	0.0087	0.0869	-0.1979	0.0729	0.0418	0.1225	0.1194
上海	—	-0.081	-0.0722	-0.0689	-0.0214	-0.1176	-0.131	-0.0955	0.063	-0.1525	-0.0027	-0.1285	-0.1123	0.0741	-0.0984	-0.0303	-0.1072	-0.0696	-0.0321	-0.032	-0.0349
江苏	—	-0.2088	-0.0501	0.005	0.0806	0.2575	0.017	0.2125	0.2734	-0.1279	-0.0198	0.0353	-0.0099	0.0227	-0.0234	0.155	-0.192	-0.0116	0.0211	-0.0118	0.0011
浙江	—	-0.1662	0.0546	0.1777	0.0853	0.0439	-0.0039	0.035	1.1296	0.0932	-0.0349	0.0339	0.0809	0.0389	0.0351	0.0747	0.1183	-0.0759	-0.2118	-0.0435	0.0196
福建	—	-0.0117	0.0419	0.0387	0.1103	0.0413	0.1122	0.0289	0.2823	-0.0655	0.0379	0.0688	0.0418	0.0226	0.0206	0.125	0.0372	-0.0219	0.0388	0.0193	0.1225
山东	—	-0.1245	-0.1212	-0.125	-0.1848	0.0361	0.0166	0.0296	-0.0382	0.0105	-0.1275	-0.0409	-0.0692	-0.0248	-0.0599	-0.0972	-0.2519	-0.1539	0.0038	-0.0647	-0.1356
广东	—	-0.0704	-0.0732	-0.0239	-0.046	0.0361	0.0578	0.0014	0.0966	-0.0318	0.0178	0.0238	0.068	0.1267	-0.0226	-0.0169	-0.0038	-0.0586	-0.0947	-0.0202	-0.045
海南	—	-0.148	0.0978	0.0593	0.0671	0.0319	0.0276	0.1538	0.1404	-0.069	-0.0206	-0.0347	-0.007	-0.0012	0.1744	0.2359	0.1215	0.1141	-0.0276	0.0528	0.0437

注：作者根据收集的数据测算得到。

表 3.5 中部地区省际技术进步偏向指数

年份	1978年	1979年	1981年	1983年	1985年	1987年	1989年	1991年	1993年	1995年	1997年	1999年	2001年	2003年	2005年	2007年	2009年	2011年	2013年	2015年	2017年
山西	—	-0.0441	-0.251	0.0802	0.1049	0.2293	-0.0773	-0.1054	0.3367	0.0427	0.0483	0.0357	0.0235	0.1492	0.0132	0.1613	-0.5128	-0.0821	-0.0764	-0.0155	-0.0202
吉林	—	0.1293	-0.0595	-0.2002	0.1677	0.1664	0.1312	0.0347	-0.2128	0.0918	-0.1196	0.0904	-0.3422	0.002	0.0716	0.1147	0.0133	0.013	0.1225	-0.1069	0.0315
黑龙江	—	0.1038	-0.1247	0.0281	0.0739	0.0869	-0.0194	0.1673	0.1719	-0.3357	0.05	0.0728	-0.1477	0.053	0.0462	0.0125	-0.0554	0.0405	-0.0334	-0.0555	0.0115
安徽	—	-0.0235	-0.1805	0.1662	0.0811	0.0784	-0.0314	0.6083	-0.3017	0.0235	-0.0437	0.156	0.1664	0.21	-0.0417	0.059	-0.1284	0.0681	0.1194	0.0091	-0.0057
江西	—	0.0172	0.0064	0.0176	0.168	-0.0893	-0.0032	0.2333	-0.0595	0.1715	-0.1494	-0.0263	0.0734	0.1209	0.055	0.0078	0.0949	0.0717	0.0209	-0.0764	-0.0157
河南	—	-0.0581	-0.0801	-0.0118	-0.0222	-0.0146	0.2305	0.0115	0.1211	0.1235	0.1586	0.1021	0.0577	0.1917	0.0366	0.0489	-0.1847	0.0632	0.1055	-0.0006	0.0763
湖北	—	-0.1327	-0.0771	0.01	0.0668	-0.0221	-0.1582	0.0157	0.0213	-0.3	-0.1331	0.081	0.0726	0.2167	-0.0282	-0.0334	-0.1482	-0.2502	-0.0167	-0.0147	-0.0125
湖南	—	-0.0514	-0.0323	0.0485	0.0279	0.0303	-0.0718	-0.0799	0.3388	-0.2448	-0.0288	0.1339	0.0047	0.1165	0.039	0.0126	-0.1062	0.0076	0.035	0.0118	0.039

注：作者根据收集的数据测算得到。

表 3.6　西部地区省际技术进步偏向指数

年份	1978年	1979年	1981年	1983年	1985年	1987年	1989年	1991年	1993年	1995年	1997年	1999年	2001年	2003年	2005年	2007年	2009年	2011年	2013年	2015年	2017年
内蒙古	—	-0.0002	-0.0657	0.071	-0.0418	-0.0182	-0.0435	0.0457	-0.3407	0.0962	0.0502	0.1498	0.0692	0.024	0.1495	0.294	-0.3008	-0.0137	-0.111	0.0035	-0.0704
广西	—	-0.1438	0.1003	0.055	0.077	0.0432	0.0306	0.0246	0.3584	-0.1736	-0.0831	0.0927	0.0529	0.1856	0.0193	0.0029	-0.2981	0.135	0.0293	-0.0109	0.2358
重庆	—	0.0393	0.0037	0.0238	0.0217	0.0489	-0.0415	0.1287	0.0181	-0.2195	0.0472	0.0103	0.0413	0.0284	-0.1485	-0.0424	0.0276	-0.0048	0.1644	-0.0287	-0.0127
四川	—	-0.0168	-0.0321	0.0039	-0.0144	0.0271	-0.0734	0.1636	-0.079	-0.0122	-0.1459	-0.195	-0.0675	0.0172	0.118	-0.1255	-0.2041	0.0363	-0.0887	-0.272	-0.0471
贵州	—	-0.1249	-0.2115	0.222	-0.0508	0.0085	-0.0947	0.2113	-0.2466	-0.1375	0.0266	0.0062	0.1804	0.0787	-0.0102	-0.0282	-0.2016	0.0197	-0.0235	-0.047	0.0833
云南	—	0.0188	-0.0647	0.0603	0.02	0.1669	0.5031	0.1064	0.385	-0.1023	0.0147	-0.2376	-0.1425	-0.0286	-0.2639	-0.0011	0.0403	-0.0998	0.0454	-0.0213	-0.0563
西藏	—	0.0189	0.0203	0.0078	-0.9158	2.0257	0.2327	-0.1044	0.0893	0.6408	-0.0576	0.3707	0.0001	1.356	0.6567	0.0877	-0.268	0.0438	0.0334	0.0372	0.0704
陕西	—	-0.0194	-0.1115	0.0034	0.0569	0.0165	-0.1247	-0.0384	-0.0923	-0.0008	0.0577	0.0896	0.0203	0.2133	-0.0219	0.0935	-0.2191	0.003	-0.087	-0.0673	0.071
甘肃	—	-0.0567	0.234	-0.2134	0.0347	-0.0027	0.0907	0.004	0.0789	0.0675	0.0942	0.0113	0.1623	0.1294	0.3201	0.1328	0.0685	0.2756	-0.0282	-0.0628	-0.1116
青海	—	-0.0272	0.0443	0.0396	-0.041	0.0285	-0.0512	-0.0203	0.0276	0.0001	-0.0671	0.0029	0.1903	0.0878	0.1624	0.0333	-0.1176	0.014	-0.0346	0.0234	-0.1422
宁夏	—	0.0287	-0.1957	-0.0699	0.1689	0.0815	0.2337	0.1046	0.1449	-0.0709	0.0365	-0.0233	0.0622	0.0387	0.1173	0.1404	-0.1652	0.1539	-0.0485	-0.1177	0.0398
新疆	—	0.0776	-0.0122	0.0948	0.1154	0.0699	-0.0304	0.0843	0.0457	-0.165	0.0505	0.1686	-0.1675	0.0702	0.2749	0.0389	-0.2403	0.045	0.012	-0.0859	0.1145

注：作者根据收集的数据测算得到。

其次，从整体上看，省际指数大于0居多，即技术进步偏向资本，但该指数有明显的地区差异。东部地区指数相对较小，而中西部地区指数相对较大。该指数出现地区差异的原因与地区经济发展水平有较大关系，虽然东部地区资本积累速度较快，但同时东部地区经济改革起步较早，每年都接收大量来自中西部地区的劳动力，这导致东部地区技术进步总体上偏向资本的幅度较小；而中西部地区经济改革起步较晚，经济发展水平相对滞后，虽然中西部地区资本积累速度较慢，但每年都有大量劳动力流出，故技术进步偏向资本的幅度较大。

最后，从技术进步偏向指数的波动情况来看，东部地区波动较小，中西部地区波动较大。这种情况可能与不同地区要素价格扭曲水平有较大关系，因为面对扭曲的要素价格，成本最小化的企业在进行生产决策时必然会不断调整要素投入结构，并选择与之相匹配的技术，因而要素价格扭曲必然会影响到企业的技术方向选择。就东部地区来说，其经济改革起步早，要素市场化程度及经济开放程度较高，要素价格扭曲对技术进步偏向波动所起的作用较小；中西部地区由于经济改革起步较晚，要素市场化程度及经济开放程度较低，要素价格扭曲对技术进步偏向波动所起的作用较大。

第三节　技术进步偏向对劳动收入份额变动的贡献

一、测度方法介绍

根据本章理论部分的分析，劳动收入份额变动可以分解为要素投入变动因素和技术进步偏向因素，公式为式（3.6），下面将利用式（3.6）对劳动相对收入份额的变化率进行分解。另外，本书还进一步计算了技术进步偏向因素和要素投入变动因素的贡献率，其具体公式分别为：

$$\text{技术进步偏向贡献率}=\frac{\text{技术进步偏向效应}}{|\text{要素投入变动效应}|+|\text{技术进步偏向效应}|+|\text{其他因素}|}$$

$$\text{要素投入变动贡献率}=\frac{\text{要素投入变动效应}}{|\text{要素投入变动效应}|+|\text{技术进步偏向效应}|+|\text{其他因素}|}$$

二、技术进步偏向对劳动收入份额变动的贡献程度

为了展示技术进步偏向对劳动收入份额变动的影响程度，利用式（3.6）对我国1978—2017年期间劳动相对收入份额的变化率进行结构分解，具体结果如表3.7所示。另外，本书还进一步计算了技术进步偏向因素的贡献程度，有如下几个结论：

第一，从变化方向来看，技术进步偏向效应的变化方向基本与劳动相对收入份额变化率的变化方向一致，在全部样本期中，有34年二者符号一致，这表明技术进步偏向对其变动有较大影响。

第二，从要素投入变动因素以及技术进步偏向因素的贡献程度来看，技术进步偏向因素的贡献程度在绝大多数年份远大于要素投入变动因素的贡献程度，而且要素投入变动因素的贡献程度平均看来都很小。

第三，技术进步偏向因素的贡献程度呈现明显的阶段性特征。大致来说，可以将样本期分为4个阶段：①从1978—1984年，这一阶段技术进步偏向因素的贡献程度基本为正向，且影响较大；要素投入变动效应也为正向，但影响较小。技术进步偏向因素的贡献程度平均为15.99%。②从1985—1991年，这一阶段技术进步偏向因素的贡献程度基本为负向，要素投入变动效应为正向，且影响有所增大。技术进步偏向因素的贡献程度平均为-27.93%。③从1992—2007年，这一阶段技术进步偏向因素的贡献程度总体上仍为负向，要素投入变动效应为正向。技术进步偏向因素的贡献程度平均为-25.43%。④从2008—2017年，这一阶段技术进步偏向因素的贡献程度基本上为正向，要素投入变动效应仍然为正向。技术进步偏向因素的贡献程度平均为28.11%。

表3.7　我国劳动相对收入份额变动的分解

年份	劳动相对收入份额变动	要素投入变动的作用	技术进步偏向的作用	其他因素的作用	要素投入变动作用的贡献率	技术进步偏向作用的贡献率	其他因素作用的贡献率
1978年	—	—	—	—	—	—	—
1979年	0.0719	0.0008	0.2423	-0.1712	0.0020	0.5848	-0.4132
1980年	-0.0110	0.0006	-0.0135	0.0019	0.0405	-0.8436	0.1159

续 表

年份	劳动相对收入份额变动	要素投入变动的作用	技术进步偏向的作用	其他因素的作用	要素投入变动作用的贡献率	技术进步偏向作用的贡献率	其他因素作用的贡献率
1981年	0.0658	0.0005	0.2574	−0.1921	0.0012	0.5719	−0.4269
1982年	0.0368	0.0003	0.0711	−0.0347	0.0031	0.6702	−0.3267
1983年	0.0019	0.0007	−0.0021	0.0033	0.1106	−0.3436	0.5458
1984年	0.0022	0.0010	0.0007	0.0004	0.4770	0.3197	0.2033
1985年	−0.0346	0.0012	−0.0314	−0.0043	0.0330	−0.8499	−0.1170
1986年	−0.0139	0.0016	0.0114	−0.0268	0.0400	0.2856	−0.6745
1987年	−0.0209	0.0015	−0.0456	0.0232	0.0212	−0.6486	0.3302
1988年	0.0018	0.0018	−0.0014	0.0014	0.3938	−0.3007	0.3054
1989年	−0.0234	0.0013	−0.0051	−0.0196	0.0503	−0.1957	−0.7540
1990年	0.0765	0.0004	0.8471	−0.7710	0.0002	0.5234	−0.4764
1991年	−0.0492	0.0006	−0.0702	0.0204	0.0071	−0.7693	0.2236
1992年	−0.0795	0.0008	−0.2975	0.2172	0.0016	−0.5770	0.4213
1993年	0.0233	0.0012	0.0693	−0.0473	0.0105	0.5882	−0.4013
1994年	0.0193	0.0017	0.0262	−0.0087	0.0474	0.7157	−0.2368
1995年	0.0703	0.0017	0.1745	−0.1059	0.0059	0.6187	−0.3754
1996年	0.0226	0.0019	0.0218	−0.0011	0.0763	0.8808	−0.0429
1997年	−0.0239	0.0017	−0.0112	−0.0144	0.0628	−0.4100	−0.5271
1998年	0.0140	0.0018	0.0353	−0.0231	0.0292	0.5870	−0.3838
1999年	−0.0298	0.0018	−0.0396	0.0080	0.0364	−0.8018	0.1617
2000年	−0.0394	0.0015	−0.0327	−0.0081	0.0351	−0.7727	−0.1922
2001年	−0.1185	0.0015	−0.4792	0.3592	0.0018	−0.5706	0.4277
2002年	−0.0189	0.0014	−0.0275	0.0071	0.0399	−0.7624	0.1977
2003年	−0.0621	0.0014	−0.1648	0.1013	0.0054	−0.6161	0.3785
2004年	−0.1706	0.0016	−0.0865	−0.0856	0.0089	−0.4980	−0.4930
2005年	−0.0063	0.0018	−0.0081	0.0001	0.1768	−0.8133	0.0099
2006年	−0.0323	0.0011	−0.0578	0.0244	0.0131	−0.6941	0.2928
2007年	−0.0354	0.0013	−0.0377	0.0009	0.0336	−0.9434	0.0230
2008年	0.3164	0.0015	−0.0088	0.3237	0.0046	−0.0264	0.9690

续　表

年份	劳动相对收入份额变动	要素投入变动的作用	技术进步偏向的作用	其他因素的作用	要素投入变动作用的贡献率	技术进步偏向作用的贡献率	其他因素作用的贡献率
2009年	0.0060	0.0016	0.0200	−0.0157	0.0440	0.5358	−0.4202
2010年	−0.0627	0.0018	−0.2039	0.1393	0.0052	−0.5909	0.4038
2011年	−0.0030	0.0018	0.0041	−0.0089	0.1231	0.2745	−0.6024
2012年	0.0269	0.0019	0.0577	−0.0327	0.0206	0.6251	−0.3543
2013年	0.0110	0.0017	0.0129	−0.0035	0.0931	0.7137	−0.1931
2014年	0.0261	0.0016	0.0275	−0.0030	0.0493	0.8561	−0.0947
2015年	0.0573	0.0015	0.0857	−0.0299	0.0126	0.7321	−0.2553
2016年	−0.0172	0.0013	−0.0483	0.0297	0.0170	−0.6085	0.3746
2017年	0.0018	0.0013	0.0007	−0.0002	0.6152	0.2999	−0.0849

注：作者根据收集的数据测算得到。

三、技术进步偏向对劳动收入份额影响的阶段性特征分析

首先，从1978—1984年，我国劳动收入份额从49.82%上升至53.87%，上升了约4个百分点。而根据表3.7的测算结果可知，技术进步偏向因素的影响程度平均占15.99%，这可能与我国从1978年开始的经济体制改革有关。我国在1978年开始实行的是一种渐进的经济体制改革，这种渐进的改革从农村开始，而且在农村以家庭联产承包责任制为开端，农户的劳动过程不再从属于集体单位，而是其自己要对生产过程负全部责任，这样一来其独立性和主动性特征十分突出，这在当时极大地调动了农业劳动力的生产积极性，虽然在当时我国总体农业劳动力数量没有明显增长，但是有效劳动投入增长较大。结果是，一方面，农业总产出增长明显，在农户收入统一归为劳动者报酬的统计口径下，很明显劳动收入份额提高较大。另一方面，这一时期全社会资本存量并没有迅速增加，根据诱致性技术变迁理论，在某种要素丰裕度增加的情况下，技术进步偏向丰裕要素更有价值，而这一时期我国有效劳动投入增大，故技术进步总体上偏向劳动要素，也就是说技术进步使得劳动边际产出提高相对较大，从而其对劳动收入份额

有较大的正向影响。

其次，从1985—1991年，我国劳动收入份额一直处于52.50%左右，发展趋势不明显。根据表3.7的测算结果可知，技术进步偏向因素的影响程度平均占-27.93%，这可能与这一阶段我国经济体制改革的重心由农村向城市转移有关。一方面，随着我国经济体制改革在农村取得巨大成就，改革重心逐渐转移到城市，而其重点对象是国有企业，对此，政府以一种放权让利的方式渐进展开，不再对国有企业实行全面管控，而是逐步给企业下放部分权利，让渡部分利益，国有企业的自主权有了一定程度的提高后其往往会通过提高劳动报酬的形式激励职工，故企业劳动收入份额在一定程度上得到提升；同时，政府给予体制外的个体经济一定的发展空间，而按照当时的统计制度，个体商户的收入都计入劳动报酬，这也使得我国劳动收入份额有所上升。然而，在这一阶段，改革的深度和广度都比较有限，所以劳动收入份额的提高并不显著。另一方面，在这一阶段，国有企业和体制外经济体开始受经济体制改革的影响，资本积累速度开始加快，而由于前一阶段实施的一系列提高生产积极性的刺激政策，劳动增长已恢复到了正常水平，所以这一时期资本丰裕度相对提高。根据诱致性技术变迁理论，资本要素更丰裕的经济体较容易衍生出资本偏向型技术，因而，在这一阶段，技术进步总体呈现资本偏向特征，也就是说技术进步使得资本边际产出提高相对较大，从而其对劳动收入份额的提升有不利的负向影响。

再次，从1992—2007年，我国劳动收入份额从50.09%下降到39.74%，下降了10.35个百分点，期间虽然在个别年份有一定的上升，但整体趋势呈现下降状态。而根据表3.7的测算结果可知，技术进步偏向因素的影响程度平均占-25.43%，这可能与这一阶段我国经济体制改革不断深化有关。一方面，这一阶段处于邓小平南方谈话之后，我国经济改革在深度和广度上都有较大突破，对于国有企业来说，政府导向不再是扶持所有国有企业，而是区别对待，这便使得许多经营困难而又得不到政府扶持的国有企业面临破产或重组，这些国有企业的大量职工便在经济调整战略中下岗失业，很明显劳动收入在总收入中的占比受到了不利影响；另外，对于民营企业和外资企业来说，其地位不断提升，而且外资进入的速度明显加快，虽然非公有制企业发展吸纳了大量劳动力，但这是建立在我国劳动力价格低廉的基础上，尤其是大量外资的进入基本上是出于我国劳动力比较优势考虑的，因而，在这一阶段我国劳动密集型产业虽然有了较大发展，但劳动收入份额并没有得到较大的提高，相反还呈现下降的趋势，这与龚刚等（2010）提出的农村劳动力无限供给的理论解释相一致。另一方面，这一时期改革开放程度不断提高，民营资本和境外资本大量流入，所以整体上中国资本深化程度十分显著。以人均资本存量作为资本深化的指标，1992年人均资本存量为2625元，到2007年，人均资本存量为13938元，提高了约4.3倍（这里以1978年价格为不变价格），资本丰裕度显著提高，所以技术进步整体上偏向较为丰裕的资本要素。同时，这一时期也是我国工业化进程较快的时期，在我国进行工业化的过程中，中国的技术升级主要从发达国家和地区引进先进技术和设备，而发达国家和地区的技术创新优势主要依托其自身丰裕的物质资本和人力资本。与丰裕物质资本和人力资本相匹配的技术进步具有典型的资本偏向特征，我国在从发达国家和地区引进先进技术和设备的过程中也复制了这些地区的技术进步偏向特征，因而，在这一阶段，技术进步总体呈现资本偏向特征，也就是说技术进步使得资本边际产出提高相对较大，从而其对劳动收入份额的提升有不利的负向影响。

最后，从2008—2017年，我国劳动收入份额从46.47%上升至47.51%，上升了1.04个百分点，呈现小幅上升的趋势。而根据表3.7的测算结果可知，技术进步偏向因素的影响程度平均占28.11%，这可能与这一阶段我国经济增长方式的转变有关。一方面，这一阶段处于国际金融危机之后，为应对国际金融危机给我国经济带来的影响，我国政府实施了大规模经济刺激政策，资本深化程度进一步提高，然而在此阶段企业更加注重增长的质量，而不是增长的数量，所以企业更加重视资本效率的提高，而不是资本的投入数量，当资本效率增速大于劳动效率增速时，在资本与劳动要素部分可替代的情况下（$0<\sigma<1$），技术进步明显更加偏向劳动要素。另一方面，随着我国进入经济新常态，传统依赖要素投入推动经济增长的方式使得经济增长的各种矛盾日益显现，如经济过度依赖投资、部分行业产能过剩、资源环境约束进一步收紧等，尤其前期大规模的投资导致中国资本深化程度显著增加。这种粗放式的资本投入导致中国制造业规模迅速扩大，制造业产能迅速提升，但整体上我国资本效率明显低于劳动效率，而且在

许多年份资本效率呈现负增长。这种资本效率增长迟缓导致的“资本低效率陷阱”，严重减缓了中国全要素生产率（TFP）的增长速度，结果出现产品附加值低、产品竞争力弱、产品在全球价值链中长期处于低端、国内重复建设严重、部分行业产能过剩等问题，最终企业利润空间受到严重挤压，这倒逼企业关注要素效率对全要素生产率的影响，尤其倒逼企业通过技术创新提高资本效率，避免“资本低效率陷阱”的出现，这也导致资本效率增速大于劳动效率增速，从而技术进步偏向劳动要素，也就是说技术进步使得劳动边际产出提高相对较大，从而其对劳动收入份额有较大的正向影响。

小　结

本章根据1978—2017年中国整体数据和省际数据，用三方程供给面系统估计了我国整体及省际资本劳动要素替代弹性，并以此测算了我国技术进步偏向指数，最后在此基础上利用结构分解法将劳动相对收入份额变动分解为两个方面的因素：要素投入变动因素和技术进步偏向因素。主要得出如下三个结论：①我国资本与劳动要素总体呈现互补关系；省际数据的估算结果表明只有个别省份的资本劳动要素呈现替代关系。②对于技术进步偏向特征，从变化趋势来说，在1984年之前中国技术进步呈现劳动偏向特征，在1984年之后的绝大多数时间中国技术进步呈现资本偏向特征；但在2008年之后技术进步逐渐偏向劳动要素，且偏向劳动要素的程度较弱。从分地区的结果来看，技术进步偏向资本的程度东部地区相对较小，中西部地区相对较大。③我国劳动收入份额的变动不仅受资本劳动投入比变动的影响，而且受技术进步偏向因素的影响，其中技术进步偏向对劳动相对收入份额变动的影响程度相对较大，但在不同的阶段有所差异。

在当前中国经济进入新常态的情况下，经济结构和经济增长方式正在发生快速转变，劳动收入份额的下滑和偏低对优化我国经济结构及促进消费升级有较大的不利影响，且不利于收入差距的缩小，基于本章的结论，提出如下政策建议：

首先，实施创新驱动发展战略，为企业提供良好的自主创新环境，提高国内企业的自主创新能力，形成以自主创新为核心的技术进步新动力，减少对国外技术的依赖程度。从技术进步偏向对劳动相对收入份额变化率影响的阶段来看，20世纪90年代中期以后，其负面影响较大，这一时期正是中国对外开放速度较快的时期，也是中国从发达国家和地区引进技术及设备较快的时期，尽管通过技术和设备引进使得中国与发达国家和地区的技术差距在较短的时间内迅速缩小，对中国经济增长速度也产生了较大的促进作用，但随着技术差距的进一步缩小，通过技术和设备引进的方式促进国内技术提高的难度进一步增大；同时，这种发展模式也存在较大的负面效应，其中较为明显的是使得中国技术进步过度依赖发达国家和地区，从而国内技术进步偏向特征也与发达国家和地区相同，最终恶化了国内劳动收入份额。因此，这种从发达国家和地区复制过来的技术，其要素偏向特性与国内要素禀赋结构并不能真正匹配，而依靠创新驱动经济发展对新常态下中国经济就显得尤为重要，这种内生的技术进步偏向与中国要素禀赋结构匹配度较高，从而有望改变劳动收入份额进一步恶化的局面。

其次，由于技术进步偏向资本不利于我国劳动收入份额提高，政府应通一定的投资政策引导资金向资本效率较高的投资项目倾斜，以扭转技术进步过度偏向资本的局面，从而使劳动收入份额得到改善。以中国改革开放40年的经济发展为例，大规模的投资导致中国资本深化程度显著增加，这种粗放式的资本要素投入导致中国产业规模迅速扩大，尤其是制造业产能迅速提升，但整体上，我国资本效率明显要低于劳动效率。这种资本效率增长迟缓导致的“资本低效率陷阱”严重减缓了中国全要素生产率（TFP）的增长速度。由于资本大量进入低TFP行业，结果出现产品附加值低、产品竞争力弱、产品在全球价值链中长期处于低端、国内重复建设严重、部分行业产能过剩等问题。因此通过引导资金向资本效率较高的项目倾斜不仅可以倒逼企业通过技术创新提高资本效率，避免“资本低效率陷阱”的出现，还可以扭转技术进步过度偏向资本，从而改善劳动收入份额。

第三，完善人才培养机制和劳动技能培训制度，提高劳动者整体素质。随着中国工业化的推进，未来较长时间内中国资本深化程度将进一步加深，这是工业化过程中的必然趋势，所以技术进步的资本偏向特性也将是经济发展的趋势。但随着中国经济进入后工业化时期，资本深化不仅是资本数量上的提高，更重要的是资本质量的提升，尤其是先进资本设备的升级、换代，此时经济发展对劳动者的整体素质和技能水平提出了更高的要求。因此，进一步完善人才培养和劳动技能培训机制，尤其要完善产学研相结合的联合人才培养机制，提高劳动者整体素质和技能水平，提高技能劳动在劳动总数中的比例，通过提升劳动供给质量提高劳动报酬，进而有效改善劳动收入份额。

第四章　我国要素价格扭曲对技术进步偏向的影响及其门限效应研究

根据第三章的研究结论可知，劳动收入份额变动可以分解为要素投入变动因素和技术进步偏向因素，技术进步偏向因素的影响相对更大。然而要改善劳动收入份额，首先要明确技术进步偏向的来源。另外，在经济新常态的背景下，中国经济过去主要依靠要素投入作为推动力量的增长方式使得经济增长的矛盾日益显现，例如经济过度依赖投资、部分行业产能过剩、资源环境约束进一步收紧等。转变经济增长方式、依靠技术创新驱动经济发展显得尤为重要。技术进步能否真正高效推动经济增长不仅只与技术的先进程度有关，还与技术进步偏向有关。若技术进步偏向与本地区的要素禀赋不匹配，则要素生产效率不能充分发挥，因此关注技术进步偏向产生的原因就格外重要。鉴于以上原因，本章基于内源性影响因素视角论证要素价格扭曲对技术进步偏向的影响。

按照新古典经济学理论，技术进步是外生的，且不存在要素偏向特征，但实际上技术进步对每一种要素生产效率的提升效果并不完全相同。技术进步能否真正高效地推动经济增长不仅与技术的先进程度有关，还与技术进步偏向有关，若技术进步偏向与本地区要素禀赋不匹配，则要素生产效率不能充分发挥。按照新经济增长理论，技术进步内生于要素的不断积累过程之中，技术进步的要素偏向特征也与要素积累有必然联系。而根据诱致性技术变迁理论，如果某种要素相对丰裕，则偏向这种要素的技术相对来说更有价值，故企业选择的技术会偏向这种要素。在市场完全竞争条件下，价格是要素稀缺程度的信号，要素积累的相对速度无疑会受要素相对价格的影响，故企业对生产要素及技术的配置会受制于生产要素相对价格的变化。然而，从经济发展的实际来看，生产要素的市场化程度往往比一般商品更低。以资本和劳动要素为例，首先，资本和劳动的价格明显受到外源性政策干预比较多，在资本要素方面，存在政府的利率管制制度、信贷干预、资本管制制度、国有企业预算款约束等因素；在劳动要素方面，存在户籍管理制度、公共福利政策歧视、城乡分割等因素，这些因素使得资本和劳动要素市场化程度远远低于一般商品。其次，除了外源性政策干预外，生产要素市场自身不完善也可能导致要素市场化程度比一般商品要低。最后，由政府发展战略引发的“强制性技术变迁”是一种在国家主导下的要素非市场化现象，其必然对要素价格造成一定扭曲，也即要素价格不完全是要素稀缺程度的信号。正是基于以上三方面的原因，生产要素的市场化程度往往比一般商品更低，从而导致要素价格偏离其边际收益的要素价格扭曲现象普遍存在。

面对扭曲的要素价格，成本最小化的企业在进行生产决策时必然会不断调整要素投入结构，并选择与之相匹配的技术，因而要素价格扭曲必然会影响到企业的技术进步偏向，所以本章需要回答的第一个问题是“要素价格扭曲对其影响是否真的十分显著?”以上分析主要是从节约成本方面考虑，除了要素成本因素之外，企业对技术进步偏向的选择还要考虑要素效率提高的相对速度对全要素生产率的影响，这是因为要素效率提高的相对速度不仅直接决定技术进步偏向，还直接影响全要素生产率的增长率，因此要素价格扭曲对技术进步偏向的影响可能并不是简单的线性关系，故本章要回答的第二个问题是“要素价格扭曲对技术进步偏向影响的边际效应是否完全相同?”由于单独某一种要素效率的提高并不一定意味着全要素生产率的提高，因此企业选择技术进步偏向必然要考虑要素效率提高的相对速度对全要素生产率的影响。而要素效率提高的相对速度对全要素生产率的影响受制于要素与技术的匹配度，当要素与技术的匹配度处于合理范围时，企业更多关注的是要素效率提升的相对速度对全要素生产率的影响，此时要素价格扭曲对技术进步偏向的影响有可能被弱化，所以，本章要回答的第三个问题是“要素价格扭曲对技术进步偏向的影响是否存在一个较小的惰性区间?”由于技术进步能否有效推动本地区经济快速增长要看技术进步偏向与本地区要素禀赋结构是否相匹配，针对以上问题的回答对了解技术进步偏向产生的原因及创新驱动发展战略的有效实施具有重要意义。

关于技术进步偏向产生的原因，已有文献主要有两类观点，第一类认为技术进步偏向主要受外源性因素的影响。例如：Acemoglu（2003）认为，一般来说，发达国家资本深化程度比较高，这往往容易衍生出与资本要素相匹配的技术组合，所以其技术进步方向更偏向于资本要素，在开放条件下，其主要出口资本密集商品，这又进一步鼓励其国内产业研发具有资本偏向特征。相对而言，欠发达国家劳动力较丰富，这种要素禀赋结构往往容易衍生出与劳动要素相匹配的技术组合，进而其技术进步偏向劳动。然而贸易开放后，欠发达国家发现利用发达国家的技术组织生产所取得的效益会更高，欠发达国家会从发达国家大量引进资本偏向性技术，这主要体现在其购买的资本设备上，所以其技术也就会偏向资本。张莉（2012）认为，发展中国家通过国际贸易引进发达国家的先进技术及资本设备，所以其技术也偏向资本。陈欢等（2015）利用中国1996—2011年分行业数据也得出了类似的结论。董直庆等（2016）就技术进步偏向跨国传递进行了深入研究，具体来说，其构建了一个包含两部门的技术跨国传递模型，模拟了技术进步偏向传递的动态变化，结果认为，技术进步确实存在跨国传递效应，但要素投入结构使得技术进步偏向空间扩散的方向和强度均可能发生改变。王林辉等（2017）认为技术进步偏向存在跨国传递效应，其利用中国和美国制造业分行业数据研究后发现，中国制造业的技术进步偏向特征主要受美国制造业技术进步资本偏向特征的影响，而且存在一定的时间滞后。潘文卿等（2017）认为国内经济发达省市也会对欠发达省市存在技术进步偏向的空间扩散效应，并且，技术进步偏向的空间扩散是通过要素增强型技术的空间扩散来实现的。

另一类观点认为技术进步偏向主要受内源性因素的影响。Hicks（1932）认为要素价格变化是重要的影响因素，要素价格发生变化后，企业会选择相应的技术以节约昂贵生产要素。邓明（2014）研究认为劳动价格扭曲是其主要原因，资本价格扭曲对其影响不显著。杨振兵等（2015）研究发现工业行业工资扭曲对技术进步的资本偏向特性有显著的弱化作用。白雪洁等（2017）认为要素价格扭曲不仅对技术进步偏向有直接影响，还存在间接影响。罗知等（2018）将国际贸易和要素价格扭曲两种因素结合起来，并认为国际贸易通过要素价格扭曲导致企业选择资本偏向型技术。

关于技术进步偏向的来源，已有文献取得了丰富的研究成果，总体上认为技术进步偏向受外源性因素和内源性因素的影响，但本章认为尽管外源性因素对技术进步偏向有重要影响，但外源性因素要发挥作用最终还是要通过地区内部因素，所以内源性因素尤其是要素价格扭曲对技术进步偏向的影响更值得深入研究。然而已有文献的研究仍有几点不足：首先，虽然已有文献关注到要素价格扭曲对技术进步偏向存在影响的事实，但缺少从理论上进行系统地论述；其次，大多数文献都只是通过数据验证要素价格扭曲的影响是否显著，缺少关于其影响特征的深入分析；最后，已有文献较多证实要素价格扭曲对技术进步偏向影响的简单线性关系，较少考虑到要素价格扭曲对其影响要受要素与技术匹配度的制约。针对已有文献存在的诸多不足，本章重点从以下三个方面进行拓展：首先，本章从理论上系统分析要素价格扭曲对技术进步偏向产生的影响；其次，通过面板门限模型实证检验要素价格扭曲对其影响的门限特征；最后，通过将要素与技术匹配度作为门限变量进一步找出要素价格扭曲对其影响的惰性区间。

第一节　要素价格扭曲对技术进步偏向影响的理论分析

Hicks（1932）最早提出要素价格变化是技术进步偏向的关键影响因素，并认为要素相对价格发生变化会诱使企业开发新技术，以节约使用相对昂贵的要素。根据诱致性技术变迁理论，如果某种要素相对丰裕，则偏向这种要素的技术相对来说更有价值，故企业选择的技术会偏向这种要素。在市场完全竞争条件下，要素价格是要素稀缺程度的信号，要素积累的相对速度无疑会受要素相对价格的影响，故企业对生产要素及技术的配置会受制于生产要素相对价格的变化。然而，不同于普通商品，生产要素的价格并不完全由市场供求决定。就资本要素来说，由于存在长期的利率管制，中国的实际贷款利率长期偏低，这导致企业投资所需资金远低于正常成本；另外国有企业与私营企业获得资金的能力和成本也存在很大差异。陈彦斌（2014）研究认为，理论上中国一年期贷款利率应为7%左右，但实际上却只有大约2%，这说明中国资本价格远低于正常水平。就劳动要素来说，改革开放以来，中国大量的农村劳动力向城市劳动市场转移，而中国社会保障制度又不完善，这导致中国劳动工资长期偏低；另外工资在不同所有制企业之间的差异以及工资的城乡差异长期存在。除了受政策干预外，由政府发展战略引发的“强制性技术变迁”是一种在国家主导下的要素非市场化现象，其必然对要素价格造成一定扭曲，也即要素价格相对较低并不一定说明这种要素丰裕。所以说，中国的市场化改革虽然取得了很大成就，但对资本与劳动要素来说，仍存在一定的价格扭曲现象。正是由于要素价格存在不同程度的扭曲，现有要素价格并不是要素稀缺程度的信号，成本最小化的企业在进行生产决策时会根据扭曲后的要素价格选择生产要素的投入以及与之相匹配的技术，故要素价格扭曲是技术进步偏向的重要影响因素。在考虑生产要素投入为资本和劳动两种要素的情况下，资本价格扭曲与劳动价格扭曲都会对技术进步偏向产生重要影响，但企业最终会比较两种要素的相对价格扭曲程度，因此，其是决定企业技术进步偏向的重要影响因素。据此，提出理论假说1。

假说1：在考虑生产投入为资本和劳动两种要素的情况下，资本与劳动价格发生扭曲都会对技术进步偏向产生重要影响，但企业最终会比较其相对扭曲程度，所以资本和劳动两种要素的相对价格扭曲程度是技术进步偏向的重要影响因素。

林毅夫等（2002）根据要素禀赋结构的技术选择理论，认为最适技术选择内生于要素禀赋结构，企业的技术一定要与本地区的要素禀赋相契合，其强调要素投入成本是企业技术选择的决定因素，所以要素禀赋结构和要素相对价格是约束企业技术选择的主要外部条件，此时，要素价格扭曲对技术进步偏向的影响较大。

基于要素禀赋结构的技术选择理论固然具有较强的理论与现实意义，但实际上，企业对技术的选择不仅只考虑要素投入组合的经济性，还考虑要素积累过程中要素效率提升的相对速度对全要素生产率的影响。欧阳峣（2012）认为，基于要素禀赋结构的技术选择具有阶段性特征，在经济的数量增长阶段，企业自生能力的主要决定因素是要素成本，但在经济的质量增长阶段，企业自生能力的主要决定因素不是要素成本，而是要素效率。而雷钦礼等（2013）进一步的研究认为，单独某一种要素效率提高并不一定能够提高全要素生产率（TFP）的增长率，全要素生产率的增长率受资本和劳动两种要素效率增速的综合影响。以中国改革开放40年的经济发展为例，大规模投资导致中国资本深化程度显著增加，这种粗放型的资本要素大量投入导致中国产业规模迅速扩大，尤其是制造业产能迅速提升，但整体上我国资本效率明显要低于劳动效率，而且在许多年份资本效率呈现负增长。这种资本效率增长迟缓导致的“资本低效率陷阱”严重减缓了中国全要素生产率的增长速度。由于资本大量进入低TFP行业，结果出现产品附加值低、产品竞争力弱、产品在全球价值链中长期处于低端、国内重复建设严重、部分行业产能过剩等问题。最终企业利润空间受到严重挤压，这倒逼企业关注要素效率对全要素生产率的影响，尤其倒逼企业通过技术创新提高资本效率，避免“资本低效率陷阱”的出现。此时，技术进步偏向主要直接受要素效率相对提升速度的影响，而受要素价格扭曲的影响较小。所以要素价格扭曲对技术进步偏向的影响并不是简单的线性关系，而是存在一种较为复杂的非线性关系。据此，提出如下理论假说2。

假说2：要素价格扭曲对技术进步偏向的影响并不是简单的线性关系，而是存在一种较为复杂的非线性关系。

要素效率相对增长速度会直接影响技术进步偏向的变化，为了说明这一变化的具体情况，假定生产函数如式（4.1）所示：

$$Y=\left[(1-\alpha)(NL)^{\frac{\sigma-1}{\sigma}}+\alpha(MK)^{\frac{\sigma-1}{\sigma}}\right]^{\frac{\sigma}{\sigma-1}} \tag{4.1}$$

式（4.1）中，Y，K和L分别表示总产出、资本投入和劳动投入，M和N分别表示资本效率和劳动效率，σ表示资本与劳动要素替代弹性，α表示资本密集度。对资本边际产出（MP_K）与劳动边际产出（MP_L）之比进行全微分得到式（4.2）：

$$\frac{\partial(MP_K/MP_L)}{\partial(M_t/N_t)}\cdot\frac{\mathrm{d}(M_t/N_t)}{\mathrm{d}t}=\frac{\alpha}{1-\alpha}\cdot\left(\frac{K_t}{L_t}\right)^{-\frac{1}{\sigma}}\cdot\frac{\mathrm{d}(M_t/N_t)^{\frac{\sigma-1}{\sigma}}}{\mathrm{d}t} \tag{4.2}$$

在要素投入比不变的情况下，技术进步发生后，如果式（4.2）大于0时，表示资本边际产出提升相对较大，那么该技术进步呈现资本偏向；如果式（4.2）小于0时，表示劳动边际产出提升相对较大，那么该技术进步呈现劳动偏向；如果式（4.2）等于0时，表示要素边际产出不发生相对变化，那么该技术进步呈现Hicks中性。由（4.2）式即可知，要素效率相对增长速度会直接影响技术进步偏向的变化，具体来说，当劳动效率的增速大于资本效率的增速时，在资本与劳动部分可替代（$0 < \sigma < 1$）的情况下，技术进步偏向资本。反之，当劳动效率的增速小于资本效率的增速时，在资本与劳动部分可替代（$0 < \sigma < 1$）的情况下，技术进步偏向劳动。总之，要素效率相对增长速度会直接影响企业的技术进步偏向。

虽然要素效率相对增速直接影响技术进步偏向，但其是否能真正提高全要素生产率却并不确定，因为全要素生产率的增长率受资本效率增长速度、劳动效率增长速度以及要素与技术的匹配度三种因素的综合影响。具体来说，假定生产函数为CES形式，如式（4.1）所示，参考Kmenta（1967）的做法，令$\rho = (1 - \sigma)/\sigma$，对生产函数取对数，并在$\rho = 0$处进行二阶泰勒展开即得式（4.3）：

$$\ln Y = \alpha \ln(MK) + (1 - \alpha)\ln(NL) - \frac{1}{2}\rho\alpha(1 - \alpha)\left(\ln\frac{M}{N} + \ln\frac{K}{L}\right)^2 \tag{4.3}$$

关于式（4.3），对时间t求导得式（4.4）：

$$\begin{aligned}\frac{\dot{Y}}{Y} = {} & \alpha\left(\frac{\dot{M}}{M} + \frac{\dot{K}}{K}\right) + (1 - \alpha)\left(\frac{\dot{N}}{N} + \frac{\dot{L}}{L}\right) - \\ & \rho\alpha(1 - \alpha)\left(\ln\frac{M}{N} + \ln\frac{K}{L}\right)\left(\frac{\dot{M}}{M} - \frac{\dot{N}}{N} + \frac{\dot{K}}{K} - \frac{\dot{L}}{L}\right)\end{aligned} \tag{4.4}$$

按照索洛（Solow）的定义，全要素生产率的增长率为经济增长率中剔去资本和劳动贡献率之后的部分，故得到全要素生产率的增长率如式（4.5）所示：

$$\frac{\dot{T}}{T} = \alpha\frac{\dot{M}}{M} + (1 - \alpha)\frac{\dot{N}}{N} - \rho\alpha(1 - \alpha)\left(\ln\frac{M}{N} + \ln\frac{K}{L}\right)\left(\frac{\dot{M}}{M} - \frac{\dot{N}}{N} + \frac{\dot{K}}{K} - \frac{\dot{L}}{L}\right) \tag{4.5}$$

由式（4.5）可以看出全要素生产率的增长率不仅受资本效率增速（等号右侧第一项）和劳动效率增速（等号右侧第二项）的影响，还受到要素与技术匹配度（等号右侧第三项）的影响。因此当要素与技术的匹配度处于合理范围时，要素效率对全要素生产率的促进作用最显著，此时企业主要考虑要素效率提升对全要素生产率的影响，要素效率相对增长速度对企业技术进步偏向影响较大，要素投入成本对其影响较小，从而要素价格扭曲对其影响较小；反之，当要素与技术的匹配度不在合理范围时，要素效率对全要素生产率的促进作用会有所减弱，此时要素投入成本对企业技术进步偏向的选择有较大影响，从而要素价格扭曲对其影响较大。因此，要素价格扭曲对技术进步偏向的影响存在要素与技术匹配度的门限效应，当要素与技术的匹配度低于或高于合理范围时，要素价格扭曲对其影响较大；而当要素与技术的匹配度位于合理范围时，要素价格扭曲对其影响较小。故提出如下理论假说3。

假说3：要素价格扭曲对技术进步偏向的影响存在要素与技术匹配度的门限效应，当要素与技术的匹配度低于或高于合理范围时，要素价格扭曲对其影响较大；而当要素与技术的匹配度位于合理范围时，要素价格扭曲对其影响较小。

第二节　技术进步偏向指数及要素价格扭曲测算

一、技术进步偏向指数（*bias*）的测算

戴天仕等（2010）专门构建了一个指数（*bias*）量化技术进步偏向的大小，该指数的含义是指由技术进步引起的资本边际产出与劳动边际产出比的变化率。本书也参考戴天仕等（2010）的研究，首先仍假设生产函数为式（4.1），那么资本边际产出（MP_K）和劳动边际产出（MP_L）分别为式（4.6）和式（4.7）：

$$MP_K = \alpha\left(\frac{Y}{K}\right)^{\frac{1}{\sigma}} M^{\frac{\sigma-1}{\sigma}} \tag{4.6}$$

$$MP_L = (1-\alpha)\left(\frac{Y}{L}\right)^{\frac{1}{\sigma}} N^{\frac{\sigma-1}{\sigma}} \tag{4.7}$$

则技术进步偏向指数可定义为式（4.8）：

$$bias_t = \frac{1}{MP_K/MP_L} \cdot \frac{\partial(MP_K/MP_L)}{\partial(M_t/N_t)} \cdot \frac{\mathrm{d}(M_t/N_t)}{\mathrm{d}t} = \frac{\sigma-1}{\sigma} \cdot \frac{N_t}{M_t} \cdot \frac{\mathrm{d}(M_t/N_t)}{\mathrm{d}t} \tag{4.8}$$

由CES形式的生产函数、资本边际产出（MP_K）和劳动边际产出（MP_L）的表达式即可得到资本效率M和劳动效率N的公式，分别为：

$$M_t = \frac{Y_t}{K_t}\left(\frac{sok}{\alpha}\right)^{\frac{\sigma}{\sigma-1}} \tag{4.9}$$

$$N_t = \frac{Y_t}{L_t}\left(\frac{sol}{1-\alpha}\right)^{\frac{\sigma}{\sigma-1}} \tag{4.10}$$

式（4.9）和（4.10）中的sok和sol分别表示资本收入份额和劳动收入份额，将资本效率（M_t）和劳动效率（N_t）、替代弹性（σ）代入式（4.8）即可求出技术进步偏向指数$bias$。然而，以上变量的计算过程中需要资本劳动要素替代弹性（σ）和资本密集度（α）的估计值。本书参考 Klump et al.（2007）的方法采用三方程标准化供给面系统法对以上参数进行估计。具体来说，首先，假设资本效率（M_t）和劳动效率（N_t）为Box-Cox型增长；其次，分别求出CES生产函数对资本要素和劳动要素的一阶条件；最后，对CES形式生产函数及其一阶条件进行标准化（具体过程见第二章理论部分介绍），得到三方程系统如下式（4.11）—（4.13）：

$$\ln\left(\frac{r_t K_t}{Y_t}\right) = \ln\alpha - \frac{\sigma-1}{\sigma}\ln\left(\frac{Y_t/\bar{Y}}{K_t/\bar{K}}\right) + \frac{\sigma-1}{\sigma}\ln\xi + \frac{\sigma-1}{\sigma}\bar{t}\frac{\gamma_K}{\lambda_K}\left(\left(\frac{t}{\bar{t}}\right)^{\lambda_K} - 1\right) \tag{4.11}$$

$$\ln\left(\frac{w_t L_t}{Y_t}\right) = \ln(1-\alpha) - \frac{\sigma-1}{\sigma}\ln\left(\frac{Y_t/\bar{Y}}{L_t/\bar{L}}\right) + \frac{\sigma-1}{\sigma}\ln\xi + \frac{\sigma-1}{\sigma}\bar{t}\frac{\gamma_L}{\lambda_L}\left(\left(\frac{t}{\bar{t}}\right)^{\lambda_L} - 1\right) \tag{4.12}$$

$$\ln\left(\frac{Y_t}{\bar{Y}}\right) = \ln\xi + \frac{\sigma}{\sigma-1}\ln\left[\alpha\left(\frac{K_t}{\bar{K}}\exp\left(\bar{t}\frac{\gamma_K}{\lambda_K}\left(\left(\frac{t}{\bar{t}}\right)^{\lambda_K}-1\right)\right)\right)^{\frac{\sigma-1}{\sigma}} + (1-\alpha)\left(\frac{L_t}{\bar{L}}\exp\left(\bar{t}\frac{\gamma_L}{\lambda_L}\left(\left(\frac{t}{\bar{t}}\right)^{\lambda_L}-1\right)\right)\right)^{\frac{\sigma-1}{\sigma}}\right] \tag{4.13}$$

其中，γ_K表示资本效率的增长率参数，γ_L表示劳动效率的增长率参数，λ_K表示资本效率的技术曲率，λ_L表示劳动效率的技术曲率，ξ表示为了对方程系统标准化而引入的规模因子。对以上三方程系统式（4.11）—（4.13）的参数进行估计可以运用广义非线性最小二乘法，考虑到非线性模型参数估计结果对参数初始值选择比较敏感，本书参考陈晓玲、连玉君（2012）的方法选择初始值。

二、要素价格扭曲水平的测算

要素价格扭曲是由于要素市场本身不完善或政府对市场干预造成要素边际成本与边际收益不相等。参考施炳展（2012）的做法，定义资本价格扭曲（*disk*）、劳动价格扭曲（*disl*）和资本劳动价格相对扭曲（*diskl*）分别如式（4.14）—（4.16）：

$$disk = \frac{MP_K}{r} \tag{4.14}$$

$$disl = \frac{MP_L}{w} \tag{4.15}$$

$$diskl = \frac{disk}{disl} = \frac{MP_K}{MP_L} \cdot \frac{w}{r} \tag{4.16}$$

式（4.14）—（4.16）中，MP_K表示资本边际产出，MP_L表示劳动边际产出，r和w分别表示资本和劳动的市场价格。若*disk*和*disl*大于1，则表明资本价格和劳动价格存在正向扭曲；若*disk*和*disl*小于1，则表明资本价格和劳动价格存在负向扭曲。*diskl*为资本劳动价格相对扭曲水平，若*diskl*大于1，则表明资本价格正向扭曲更为严重；若*diskl*小于1，则表明资本价格负向扭曲更为严重，本书在实证分析时正是采用这一指标。

关于要素边际产出的测度，已有文献大多采用C-D形式生产函数，采用C-D生产函数要假设要素具有单位替代弹性，这显然与实际不符。还有一些文献采用超越对数生产函数测度要素边际产出，超越对数生产函数具有易估计和包容性强的特点。考虑到本书使用CES生产函数研究技术进步偏向，为了研究方法的前后一致性，本书采用CES生产函数测度资本和劳动的边际产出。另外C-D生产函数可以看作是CES生产函数的特殊形式，CES生产函数比C-D生产函数更加符合现实。对CES生产函数求导，即可求出资本边际产出（MP_K）和劳动边际产出（MP_L）分别为式（4.6）和式（4.7）所示。将前文估计出来的要素替代弹性σ、资本密集度α、资本效率

(M)、劳动效率（N）代入式（4.6）和式（4.7），即可以求得资本边际产出和劳动边际产出。

关于劳动平均报酬（w）与资本实际价格（r）的估算。首先，对劳动平均报酬（w），用城镇就业人员平均工资表示，并用各省历年消费者价格指数转换为以1996年为基期的实际值。其次，对资本实际价格（r），一般采用公司债券利率衡量，但中国公司债券市场并不发达，故本书以中国人民银行公布的一年期贷款利率为标准，并换算成年平均利率的形式表示资本价格。

三、数据处理过程

对技术进步偏向指数和要素价格扭曲测度中所使用的数据作如下说明：产出（Y），用各省收入法GDP衡量，并用1978年不变价格的实际值表示。资本（K），采用张军等（2004）的永续盘存法公式$K_t = I_t + (1 - \delta)K_{t-1}$进行估算，其中$\delta$为折旧率（已有文献对于折旧率的取值有所差异，但基本位于5%—15%之间，本书取中间值8%），I为投资。对于初始资本存量的估算，首先假定1952年各地区资本产出比为2，并结合1952—2004年各地区固定资本额发展速度以及1978年各地区固定资本形成总额，得到以1978年价格表示的1952—2004年的价值，根据永续盘存法公式即可得到初始资本存量K_{1978}；对于2005—2017年投资水平值，直接将名义值用各地区固定资产投资价格指数折算成1978年价格表示的实际价值。劳动（L），采用年末就业人员数量表示。由于收入法GDP由四个部分组成，很明显劳动者报酬属于劳动所得，而生产税净额归属并不明确，按照戴天仕（2010）的做法，将生产税净额按比例分摊给劳动所得和资本所得，劳动收入份额（sol）由劳动所得与收入法GDP之比得到。资本收入份额（sok）由资本所得与收入法GDP之比得到。这里所用到的原始数据来源均与第三章相同，另外，对于各省、自治区及直辖市在样本期内个别年份缺失的数据，也参考已有文献通行的做法补齐。

第三节　要素价格扭曲对技术进步偏向的影响及其地区差异

一、计量模型构建

通过前文理论分析知，在技术进步偏向的决定因素中，要素相对价格扭曲是比较重要的因素，现通过构建模型来实证分析。具体地，构建计量经济模型如式（4.17）：

$$bias_{it} = \lambda_i + \beta_1 diskl_{it} + \beta_2 \ln(k/l)_{it} + \beta_3 \ln gov_{it} + \beta_4 \ln rgdp_{it} + \beta_5 \ln trade_{it} + \beta_6 \ln soe_{it} + \eta_t + \varepsilon_{it} \quad (4.17)$$

式（4.17）中，*bias* 代表技术进步偏向指数，*diskl* 代表要素相对价格扭曲程度，*k/l* 代表人均资本存量，*gov* 代表政府支出，*rgdp* 代表人均 GDP，*trade* 代表进出口总额，*soe* 表示国有经济比重，β 表示待估计参数，λ_i 表示不可观测的地区固定效应，η_t 为时间固定效应，ε 为随机扰动项。

二、变量说明

因变量：技术进步偏向指数（*bias*），这里采用前文介绍的三方程标准化供给面系统方法进行参数估计，并利用式（4.8）测度这一指标。

核心解释变量：要素相对价格扭曲程度（*diskl*），这里参考施炳展等（2012）的定义，并根据式（4.16）以及前文介绍的方法进行测度。

其他控制变量：①人均资本存量（*k/l*），要素禀赋结构是企业技术选择的重要约束条件，故这里将人均资本存量作为控制变量，其中资本投入采用前文介绍的方法进行估计，劳动投入用全社会年末就业人员总数表示。②人均 GDP（*rgdp*），表示地区经济发展水平。③进出口总额（*trade*），改革开放以来，中国政府一直实行出口导向战略，对外贸易有可能对企业技术进步偏向产生一定影响（张莉 2012、陈欢 2015）。④国有经济比重（*soe*），由于中国国有经济和国有企业在许多基础性资源的配置方面有重要影响，国有经济和国有企业是政府干预经济的重要渠道，受国家发展战略和发展规划的影响较大，故国有经济和国有企业无疑对技术进步的要素偏向特性有一定的影响，参考邓明（2014）的做法，将国有企业固定资产投资占总投资的比重作为衡量指标。⑤政府支出（*gov*），考虑到从改革开放以来中国政府一直在经济的宏观调控中扮演着非常重要的角色，尤其是在经济体制改革过程中，由政府发展战略引发的“强制性技术变迁”是一种在国家主导下的要素非市场化现象，这对企业的要素投入结构以及技术进步偏向的选择有可能产生较大的影响，所以这里引入政府支出作为控制变量，并采用政府财政支出与GDP的比值表示。

三、数据来源与统计特征

本章所有变量原始数据的来源除了第三章所述的资料之外，还有历年《中国科技统计年鉴》《中国工业统计年鉴》和中经网数据库。样本时间跨度为1996—2017年，主要变量的统计特征见表4.1。

表4.1　主要变量的统计特征

变量	含义	最小值	最大值	平均值	中位数	标准差
bias	技术进步偏向指数	−1.1000	2.9720	0.0190	0.0132	0.2017
diskl	要素相对价格扭曲	0.1583	25.8707	4.4465	3.8655	2.9415
ln*k/l*	人均资本存量对数	−0.7273	4.0240	1.7791	1.8154	1.0022
ln*rgdp*	人均GDP对数	7.6246	11.4870	9.5544	9.5645	0.8069
ln*trade*	进出口总额对数	−4.0824	0.5432	−1.7961	−2.0844	0.9943
ln*soe*	国有经济比重对数	−2.2927	−0.0419	−1.0153	−0.9446	0.4563
ln*gov*	政府支出对数	−2.9755	0.3215	−1.7623	−1.8093	0.5417

注：作者根据收集的数据测算得到。

四、实证结果与分析

为了确定计量模型的具体形式，这里运用Hansman检验对随机效应和固定效应进行识别，Hansman检验明显拒绝原假设，故选择固定效应模型。

（1）基于全国样本的实证分析。

表4.2是基于全国样本的实证分析结果。从表4.2可知，混合回归（OLS）、随机效应回归（RE）、固定效应回归（FE）三种模型回归系数变化较大。

表 4.2 基于全国样本的参数估计

变量	混合 OLS	FE	RE
diskl	0.0078*** (2.8425)	0.0152*** (4.0217)	0.0083*** (2.9347)
ln*k/l*	0.0079 (1.2173)	−0.0402 (−1.3472)	0.0063 (1.0569)
ln*rgdp*	−0.0484** (−2.1075)	−0.0394** (−1.9886)	−0.0476* (1.9096)
ln*trade*	0.0119* (1.6960)	0.0052* (1.6872)	0.0124* (1.7721)
ln*soe*	0.0071 (1.1217)	−0.0191 (−0.4743)	0.0066 (0.8225)
ln*gov*	0.0334 (1.4647)	0.1094** (1.9698)	0.0344** (1.9714)

注：作者根据Stata软件回归结果整理得到，括号中为t值（本章以下同）。

以固定效应回归系数为例，分析各解释变量的影响。从核心解释变量要素相对价格扭曲（*diskl*）看，其回归系数为0.0152，t值为4.0217，这表明要素相对价格扭曲的影响较为显著，要素相对价格扭曲程度增大一个单位，技术进步偏向指数增加0.0152个单位。从其他控制变量看，人均资本存量对数（ln*kl*）回归系数为−0.0402，但统计检验不显著；人均GDP对数（ln*rgdp*）回归系数为−0.0394，t值为−1.9886；进出口总额对数（ln*trade*）回归系数为0.0052，t值为1.6872；国有经济比重对数（ln*soe*）回归系数为−0.0191，但统计检验不显著；政府支出对数（ln*gov*）回归系数为0.1094，t值为1.9698。

（2）基于地区分组样本的实证分析。

为了进一步检验要素相对价格扭曲影响的区域差异，本书将全国31个省区划分为东、中、西三个部分，并分别进行参数估计，结果见表4.3。从要素相对价格扭曲的影响系数看，可以发现要素相对价格扭曲的影响存在显著的地区差异：东部地区要素相对价格扭曲回归系数为0.0108，中部地区要素相对价格扭曲回归系数为0.0388，西部地区要素相对价格扭曲回归系数为0.0476。很明显东部地区回归系数最小，中部地区较大，而西部地区最大。究其原因，一是东部地区经济处于成熟阶段，要素禀赋结构特征是资本多而劳动少，资本密集产业与技术密集产业有比较优势，总体上企业规模较大，企业主要面临技术创新风险，此时企业主要关注全要素生产率的提高速度，对要素成本变化敏感度相对较低，故要素相对价格扭曲的影响较小。二是中部地区经济处于成长阶段，要素禀赋结构特征是资本与劳动相对均衡，既有大量劳动密集产业又有大量资本密集产业，技术密集产业有一定基础，但比较优势并不突出，总体上企业规模差异较大，企业既面临技术创新风险又面临成本压力，此时企业不仅关注全要素生产率的提高速度，还对要素成本变化比较敏感，所以要素相对价格扭曲的影响较大。三是西部地区经济处于初级阶段，其要素禀赋特征是资本相对短缺，劳动相对丰富，劳动密集型产业有一定优势，此时企业主要承接东、中部地区淘汰的落后产业，总体上企业规模较小，企业面临创新风险小，主要面临成本压力，企业更多关注的是要素成本变化，所以要素相对价格扭曲的影响最大。

表4.3　基于地区分组样本的参数估计

变量	东部地区	中部地区	西部地区
diskl	0.0108*** (3.1247)	0.0388*** (3.0713)	0.0476*** (3.2428)
ln*k/l*	−0.0309 (−1.2172)	0.0172 (0.8971)	0.0181 (0.9212)
ln*rgdp*	−0.0317*** (−2.8025)	−0.0502* (−1.8126)	−0.0358*** (−2.5973)
ln*trade*	0.0089** (1.9878)	0.0138** (2.3568)	0.0167** (2.1556)
ln*soe*	−0.0094 (−1.2458)	−0.0127 (−1.0213)	−0.0192 (−1.2375)
ln*gov*	0.1218** (1.9876)	0.2013** (2.2328)	0.2018** (2.4742)

注：作者根据Stata软件回归结果整理得到。

第四节 要素相对价格扭曲对技术进步偏向影响的门限效应

根据上文实证结果，要素相对价格扭曲对技术进步偏向产生较为显著的影响，但这种影响存在明显的地区差异，这表明要素相对价格扭曲对其影响并不是简单的线性关系，而是一种较为复杂的非线性关系。结合理论部分的分析可知，要素相对价格扭曲对技术进步偏向的影响受要素与技术匹配度的制约，当要素与技术的匹配度处于合理范围时，要素价格扭曲对其影响效应最低；反之，当要素与技术匹配度低于合理范围或高于合理范围时，要素价格扭曲对其影响效应都会大大增强。也就是说，要素相对价格扭曲对技术进步偏向的影响存在要素与技术匹配度的门限效应，本小节利用面板门限模型对这一理论假说进行实证检验。

一、研究方法介绍

根据前文理论部分的分析，要素价格扭曲对技术进步偏向的影响存在要素与技术匹配度的门限效应，其具体的函数形式根据要素与技术的匹配度而变化。而Hansen（1999）提出的门限回归模型能以严谨的统计方法进行参数估计和假设检验，还能有效识别门限个数和门限值的大小。因此，这里利用面板门限模型进行实证检验，基本的两区制门限回归模型形式如下：

$$y_{it} = \mu_i + \beta_1' x_{it} + \varepsilon_{it},\ q_{it} \leqslant \gamma \tag{4.18}$$

$$y_{it} = \mu_i + \beta_2' x_{it} + \varepsilon_{it},\ q_{it} > \gamma \tag{4.19}$$

式（4.18）和式（4.19）中，y为被解释变量，x为解释变量，β为回归系数，μ_i为个体固定效应，q为门限变量，γ为门限值，ε为随机扰动项。此模型中门限变量q将样本划分为两个区间，当门限变量$q \leqslant \gamma$时，回归模型为式（4.18）；当门限变量$q > \gamma$时，回归模型为式（4.19）。上述分段形式的回归模型也可以表示为如下单一方程形式：

$$y_{it} = \mu_i + \beta_1' x_{it} \cdot 1(q_{it} \leqslant \gamma) + \beta_2' x_{it} \cdot 1(q_{it} > \gamma) + \varepsilon_{it} \tag{4.20}$$

式（4.20）中，$1(\cdot)$表示示性函数。

面板门限回归模型本质是一个非线性回归模型，可以用非线性最小二乘法进行参数估计。具体来说，将（4.20）式用更简洁的形式表示为式（4.21）：

$$y_{it} = \mu_i + \beta' x_{it}(\gamma) + \varepsilon_{it} \tag{4.21}$$

式（4.21）中，$\beta = \begin{bmatrix} \beta_1 \\ \beta_2 \end{bmatrix}$，$x_{it}(\gamma) = \begin{bmatrix} x_{it} \cdot 1(q \leqslant \gamma) \\ x_{it} \cdot 1(q > \gamma) \end{bmatrix}$。

将（4.21）式取时间平均得：

$$\bar{y}_i = \mu_i + \beta' \bar{x}_i(\gamma) + \bar{\varepsilon}_i \tag{4.22}$$

式（4.22）中，$\bar{y}_i = \frac{1}{T}\sum_{t=1}^{T} y_{it}$，$\bar{x}_i(\gamma) = \frac{1}{T}\sum_{t=1}^{T} x_{it}(\gamma)$，$\bar{\varepsilon}_i = \frac{1}{T}\sum_{t=1}^{T} \varepsilon_{it}$。

将式（4.21）减式（4.22）可得离差形式的回归模型，如式（4.23）所示：

$$y_{it} - \bar{y}_i = \beta' [x_{it}(\gamma) - \bar{x}_i(\gamma)] + (\varepsilon_{it} - \bar{\varepsilon}_i) \tag{4.23}$$

令 $y_{it}^* = y_{it} - \bar{y}_i$，$x_{it}^* = x_{it}(\gamma) - \bar{x}_i(\gamma)$，$\varepsilon_{it}^* = \varepsilon_{it} - \bar{\varepsilon}_i$，则（4.23）可以简化为式（4.24）：

$$y_{it}^* = \beta' x_{it}^* + \varepsilon_{it}^* \tag{4.24}$$

有了式（4.24），那么估计面板门限回归模型的参数可以通过如下两步进行：

第一步，给定 γ 的取值，用普通最小二乘法（OLS）估计式（4.24）得到回归系数 $\hat{\beta}(\gamma)$ 和残差平方和 $SSR(\gamma)$。

第二步，对于 $\gamma \in \{q_{it}: 1 \leqslant i \leqslant n, 1 \leqslant t \leqslant T\}$，若 γ 越接近门限值，得到的残差平方和 $SSR(\gamma)$ 会越小，故通过搜索法选择 $\hat{\gamma}$，使得 $SSR(\hat{\gamma})$ 达到最小，这样便得到了门限值的估计值 $\hat{\gamma}$ 及相应参数估计值 $\hat{\beta}(\hat{\gamma})$。

对于面板门限回归模型，需要进行两方面的检验，第一是要检验模型是否存在门限效应，第二是要检验门限估计值是否为其真实值。

首先，对于模型是否存在门限效应的检验，可构造原假设 H_0：$\beta_1 = \beta_2$，若不能拒绝原假设，则表明以门限值划分的两组样本的估计参数无差异，此时说明不存在门限效应；反之，若拒绝原假设 H_0：$\beta_1 = \beta_2$，则表明以门限值划分的两组样本的估计参数存在显著差异，此时说明存在门限效应，使用的检验统计量为似然比统计量：

$$LR = \frac{SSR^* - SSR(\hat{\gamma})}{\hat{\sigma}^2} \tag{4.25}$$

式（4.25）中，SSR^* 为受原假设约束的残差平方和，$\hat{\sigma}^2 = SSR(\hat{\gamma})/[n(T-1)]$为扰动项方差的一致估计。

其次，对于门限估计值的检验，若检验发现存在门限效应，则需要进一步检验门限值的真实性，构造原假设为H_0：$\gamma = \gamma_0$，检验统计量为似然比统计量：

$$LR = \frac{SSR(\gamma) - SSR(\hat{\gamma})}{\hat{\sigma}^2} \tag{4.26}$$

类似地，可以建立多重门限回归模型：

$$\begin{aligned} y_{it} = {} & \mu_i + \beta_1' x_{it} \cdot 1(q_{it} \leqslant \gamma_1) + \beta_2' x_{it} \cdot 1(\gamma_1 < q_{it} \leqslant \gamma_2) + \cdots + \\ & \beta_{n+1}' x_{it} \cdot 1(q_{it} > \gamma_n) + \varepsilon_{it} \end{aligned} \tag{4.27}$$

式（4.27）中，门限值$\gamma_1 < \gamma_2 < \cdots < \gamma_n$，多重门限回归模型估计方法与检验方法与前文相同。

二、模型构建与实证分析

（1）模型构建。

鉴于前文的分析，本书构建如下面板门限回归模型1如式（4.28）所示；另外，为了进行稳健性检验，本书构建面板门限回归模型2如式（4.29）所示，模型1和模型2的不同之处在于替换了门限变量。

模型1：

$$\begin{aligned} bias_{it} = {} & \mu_i + \beta_1^1 diskl_{it} \cdot 1(mat_1 \leqslant \gamma_1) + \beta_1^2 diskl_{it} \cdot 1(\gamma_1 < mat_1 \leqslant \gamma_2) + \cdots + \\ & \beta_1^{n+1} diskl_{it} \cdot 1(mat_1 > \gamma_n) + \beta_2 \ln(k/l)_{it} + \beta_3 \ln rgdp_{it} + \beta_4 \ln gov_{it} + \\ & \beta_5 \ln trade_{it} + \beta_6 \ln soe_{it} + \varepsilon_{it} \end{aligned} \tag{4.28}$$

模型2：

$$\begin{aligned} bias_{it} = {} & \mu_i + \beta_1^1 diskl_{it} \cdot 1(mat_2 \leqslant \gamma_1) + \beta_1^2 diskl_{it} \cdot 1(\gamma_1 < mat_2 \leqslant \gamma_2) + \cdots + \\ & \beta_1^{n+1} diskl_{it} \cdot 1(mat_2 > \gamma_n) + \beta_2 \ln(k/l)_{it} + \beta_3 \ln rgdp_{it} + \beta_4 \ln gov_{it} + \\ & \beta_5 \ln trade_{it} + \beta_6 \ln soe_{it} + \varepsilon_{it} \end{aligned} \tag{4.29}$$

式（4.28）和式（4.29）中，*mat* 表示门限变量，这里表示要素与技术的匹配度，γ表示待估计的门限值，β表示待估计参数，ε为随机扰动项，μ_i为不可观测的地区固定效应。关于要素与技术的匹配度（mat）的衡量指标，已有文献并没有一致的说法，从中国科技投入的实际情况来看，《中国科技统计年鉴》提供的资料显示2016年中国研发经费投入总共15676.70亿元，占中国当年GDP的2.11%，而同一时期只有15个国家的研发经费投入超过本国GDP的2%；但在这15个研发经费投入超过本国GDP的2%的国家中，研发人员在本国百万人口中平均为3500人以上，中国研发人员在本国百万人口中平均只有1020人。这表明中国从事研发的人员数量相对研发经费投入数量来说整体上偏低，究其原因，可能是中国大量的拥有高学历或专业学位的高校毕业生竞相进入垄断利润较高的行业就业。所以，从事研发的人员数量相对研发经费投入数量在一定程度上反映了要素与技术的匹配度，故本书模型1采用各地区R&D人员全时当量与R&D经费内部支出之比表示要素与技术的匹配度，并记作mat_1，模型2采用各地区每万人口中的R&D人员全时当量与地区研发强度（研发强度即研发经费与GDP的比值）之比表示要素与技术的匹配度，并记作mat_2，其余变量含义与上文相同。

（2）面板门限效应检验。

首先检验门限个数，依次在无门限、有一个门限、有两个门限、有三个门限的原假设下对模型进行估计，采用Hansen提出的自举法（Bootstrap），并通过抽样300次得到门限值以及相应的F值和P值，如表4.4所示。另外，为了得到有针对性的结论，本书将全国分为东、中、西三部分，并分别检验其门限效应，而且全国样本、东部地区样本、中部地区样本、西部地区样本都存在双重门限。

以全国样本为例，单一门限值F值为38.325，大于1%显著性临界值，由其P值可知在5%显著性水平下拒绝不存在门限效应的原假设；由双重门限假设检验可知，F值为28.745，大于5%显著性水平临界值19.921，由其P值可知在5%的显著性水平下拒绝只存在单一门限的原假设；但三重门限假设检验F值为11.216，而10%显著性水平临界值为18.332，而其P值为0.281，故接受存在双重门限的原假设。另外，对不同地区样本而言，门限检验都表明门限个数为二重门限，但门限值存在一定的空间差异，这也表明不同地区要素与技术匹配度的合理范围有所差异，这可能与不同地区经济发展阶段有关。

表4.4 面板门限效应检验结果

模型	门限值	F值	P值	BS次数
单一门限	γ_1	38.325	0.006	300
双重门限	γ_1,γ_2	28.745	0.015	300
三重门限	$\gamma_1,\gamma_2,\gamma_3$	11.216	0.281	300

注：$\gamma_1 = 0.0515$，$\gamma_2 = 0.0749$，$\gamma_3 = 0.2518$。

（3）参数估计与结果分析。

在识别门限效应的基础上，对面板门限模型1进行参数估计，结果如表4.5所示。从全国看，要素相对价格扭曲对技术进步偏向的影响存在要素与技术匹配度的双重门限效应，门限变量（要素与技术的匹配度）将样本划分为三个区间：在要素与技术的匹配度$mat_1 \leqslant \gamma_1$（小于0.0515），要素相对价格扭曲的回归系数为0.0177；在要素与技术的匹配度$\gamma_1 < mat_1 \leqslant \gamma_2$（位于0.0515与0.0749之间），要素相对价格扭曲的回归系数为0.0088；在要素与技术的匹配度$mat_1 > \gamma_2$（大于0.0749），要素相对价格扭曲的回归系数为0.0233。

可见，在要素与技术的匹配度位于区间$\gamma_1 < mat_1 \leqslant \gamma_2$（位于0.0515与0.0749之间）时，要素相对价格扭曲的影响最小，这一区间是要素与技术匹配度的合理范围，在合理范围之前或之后，要素相对价格扭曲的影响都比较大。因此，要素相对价格扭曲对技术进步偏向的影响存在要素与技术匹配度的双重门限效应，这种双重门限构成了要素与技术匹配度的合理范围，在要素与技术匹配度的合理范围内，要素相对价格扭曲的影响很小，也就是说要素相对价格扭曲对技术进步偏向的影响存在一个明显的惰性区间。这证明了本章假说3的观点，也即要素相对价格扭曲对技术进步偏向的影响效应受要素与技术匹配度的制约，当要素与技术的匹配度处于合理范围时，要素价格扭曲对其影响效应最低；反之，当要素与技术匹配度低于或高于合理范围时，要素价格扭曲对其影响效应都会大大增强。这一结论说明企业对技术方向的选择不仅只考虑要素投入组合的经济性，还考虑要素积累过程中要素效率提升的相对速度对全要素生产率的影响；同时，也

说明在政府主导下的"强制性技术变迁"并不科学，其忽视了要素效率对全要素生产率的影响受要素与技术匹配度的制约。

表4.5 面板门限模型1门限效应回归结果

变量	全国	东部地区	中部地区	西部地区
diskl ($mat_1 \leqslant \gamma_1$)	0.0177*** (3.0178)	0.0174** (2.1753)	0.0256*** (2.7674)	0.0327** (2.2165)
diskl ($\gamma_1 < mat_1 \leqslant \gamma_2$)	0.0088** (2.1631)	0.0078** (2.1518)	0.0045 (1.2135)	0.0089* (1.6753)
diskl ($mat_1 > \gamma_2$)	0.0233*** (5.3218)	0.0225*** (3.1723)	0.0319*** (2.5915)	0.0328*** (2.6173)
ln*k/l*	−0.0292 (−1.0521)	−0.0253 (0.9752)	−0.0318 (−1.1578)	−0.0423 (−1.0202)
ln*rgdp*	−0.0453 (−1.3772)	−0.0571 (−1.0801)	−0.0723 (−1.2418)	−0.0571 (−1.0281)
ln*trade*	0.0138** (2.1528)	0.0132** (1.9881)	0.0187*** (2.7823)	0.0189*** (2.8583)
ln*soe*	−0.0185 (0.9738)	−0.0122 (−0.9553)	−0.0324 (1.2218)	−0.0225 (1.1142)
ln*gov*	0.1086** (2.1257)	0.1072*** (2.7178)	0.0738** (1.9897)	0.0927** (2.0383)

注：作者根据Stata软件回归结果整理得到。

从分地区的回归结果看，不同地区要素与技术匹配度的合理范围并不完全相同，东部地区要素与技术匹配度的合理范围为0.0728—0.0974，中部地区要素与技术匹配度的合理范围为0.0492—0.0899，西部地区要素匹与技术配度的合理范围为0.0488—0.0955。显然要素与技术匹配度的合理范围存在一定的地区差异，这与不同地区的经济发展阶段有一定关系。

三、稳健性检验

上文利用面板门限模型验证了要素相对价格扭曲对技术进步偏向的影响存在要素与技术匹配度的门限效应，为了检验结论的稳健性，下面利用替换变量的方法进行检验。这里用各地区每万人口中的R&D人员全时当量与地区研发强度（研发强度即研发经费与GDP的比值）之比作为要素与技术匹配度（mat_2）的代理变量，以进行稳健性检验，参数估计结果如表4.6所示。由表4.6可知，尽管变换了要素与技术匹配度的衡量指标，回归结果仍表明，要素相对价格扭曲对技术进步偏向的影响存在要素与技术匹配度的双重门限效应。这与前文的实证结果并无实质性差异，这说明本书的结论具有较强的稳健性。

表4.6　面板门限模型2门限效应的稳健性检验结果

变量	全国	东部地区	中部地区	西部地区
$diskl(mat_2 \leqslant \gamma_1)$	0.0212*** (4.7212)	0.0207*** (3.7074)	0.0278*** (3.1575)	0.0348*** (3.0253)
$diskl(\gamma_1 < mat_2 \leqslant \gamma_2)$	0.0121*** (2.9867)	0.0089** (2.0231)	0.0074 (1.0757)	0.0098* (1.6844)
$diskl(mat_2 > \gamma_2)$	0.0236*** (3.0956)	0.0263*** (3.2577)	0.0314*** (2.6134)	0.0378** (3.2556)
$\ln k/l$	−0.0372 (0.8518)	−0.0218 (−1.0225)	−0.0343 (−0.9192)	−0.0422 (1.2382)
$\ln rgdp$	−0.0346 (−0.6734)	−0.0678 (−1.2072)	−0.0312 (−0.9282)	−0.0317 (−0.9274)
$\ln trade$	0.0216** (1.9812)	0.0218*** (2.5973)	0.0177*** (2.7171)	0.0233*** (2.8675)
$\ln soe$	−0.0206 (−0.9351)	−0.0213 (−0.9785)	−0.0343 (−1.1517)	−0.0313 (−1.0272)
$\ln gov$	0.0983** (2.3348)	0.0787** (2.4213)	0.0924** (2.3135)	0.0723*** (2.7275)

注：作者根据Stata软件回归结果整理得到。

小　结

技术进步能否真正有效驱动经济增长，不仅与技术的先进程度有关，还与技术的要素偏向特性有关，因此，关注技术进步偏向产生的原因格外重要。本书首先从理论上系统地分析了要素相对价格扭曲对技术进步偏向的影响，然后在测算1996—2017年相关指标的基础上，并通过省际面板数据进行了实证分析，得出了以下三个结论：①要素相对价格扭曲对技术进步偏向存在显著的影响，且存在明显的地区差异，东部地区要素相对价格扭曲的影响最小，中部地区影响较大，而西部地区影响最大；②通过面板门限模型的实证分析表明，要素相对价格扭曲对其影响并不是简单的线性关系，而是存在要素与技术匹配度的双重门限效应；③由于要素相对价格扭曲对技术进步偏向的影响存在要素与技术匹配度的双重门限效应，且这种双重门限构成了要素与技术匹配度的合理范围，故在要素与技术匹配度的合理范围内，要素相对价格扭曲的影响效应较弱，而当低于或高于要素与技术匹配度的合理范围时，要素相对价格扭曲的影响效应较强。

以上结论的政策启示主要有如下三点：首先，由于要素相对价格扭曲是影响技术进步偏向的重要因素，由此导致的技术进步偏向并不能真正与要素禀赋结构相匹配，从而影响要素效率的有效发挥和全要素生产率的提高。因此，从政府角度看，应进一步深化我国要素市场改革，减少要素价格扭曲的负面影响。就资本要素来说，应加快推进利率市场化，进一步消除国有企业和民营企业在获取信贷资源上的差异，降低不同所有制企业的信贷歧视；对于劳动要素来说，应进一步通过户籍制度改革和完善社会保障制度促进劳动力的自由流动。

其次，由于要素相对价格扭曲对技术进步偏向的影响存在要素与技术匹配度的双重门限效应，这种双重门限构成了要素与技术匹配度的合理区间，在要素与技术匹配度的合理区间内，要素相对价格扭曲的影响效应较弱，所以政府应该通过相关政策合理引导要素在不同行业之间自由流动，使得本地区要素与技术的匹配度位于合理区间，以弱化要素相对价格扭曲的影响，使得技术进步偏向真正与地区要素禀赋相匹配。

最后，从实际情况看，资本要素扭曲程度更大，虽然短期内较低的资本价格能促进投资规模扩大，且在短期起到稳定经济的作用，但从长期看，资本大量流入全要素生产率（TFP）较低的行业，这些行业资本效率增速却并不高，这最终对有效实施创新驱动发展战略及经济长期健康发展极为不利，所以政府应通过技术创新政策合理引导资本流向，关键要引导资金流向资本效率高的部门，从而真正推动全要素生产率增长率的提高。尤其对资本过剩行业，要重点引导资本与技术相结合，走一条引资创新之路，从根本上提高企业技术创新能力。

第五章　我国技术进步偏向空间扩散的非线性特征研究

根据第四章的研究结论可知，要素价格扭曲作为内源性影响因素对技术进步偏向有较大的影响。除此之外，技术进步偏向有可能随着技术的扩散从发达地区向欠发达地区产生空间扩散现象，故本章基于外源性影响因素视角论证技术进步偏向空间扩散的非线性特征。

技术进步是经济持续快速增长的关键推动力量（Grossman 和 Helpman，1994）。然而，技术进步并不一定会以相同的速度来提高每一种要素的生产效率，当技术进步对不同要素的生产效率产生非对称性影响时，技术进步便呈现出一定的偏向性。按照 Acemoglu（2003）的定义，如果要素投入比例不发生改变，技术进步发生后，其中某种要素的边际产出有较大提高，那么称这种技术进步偏向于该种要素。学者们利用了许多计量方法测算我国技术进步的要素偏向程度，结果发现我国技术进步大多偏向资本要素。

随着研究的深入，技术进步偏向的空间扩散问题成为许多文献关注的焦点，其中主流的观点认为技术进步偏向会随着技术溢出而产生空间扩散。另外，从目前我国经济发展的实际情况来看，我国整体上还是一个技术追赶型国家（柳卸林和高雨辰等，2017），引进海外先进技术是我国实现技术追赶的一项措施。同时，由于我国各地区经济发展不平衡，技术扩散在国内发达程度不同的地区也是普遍存在，许多欠发达地区的自主创新能力和从海外引进先进技术的能力都不高，这时从国内相对发达地区引进较为先进的技术成为其实现技术追赶的一个较好选择。那么在技术从发达地区向欠发达地区扩散的过程中，技术进步偏向是否也会产生空间扩散现象？这是本章需要回答的第一个问题。而且本章研究发现先进技术的引进并不等同于先进技术在生产中的应用和生产效率的必然提升，因为这涉及引入技术的要素偏向特性与引入地区要素禀赋结构是否相匹配，比如，具有资本偏向特性的技术发挥效率往往需要较为密集的资本和相应的技能劳动（孔宪丽和米美玲等，2015），不考虑引入地区要素禀赋结构的全盘照搬式技术引进势必影响技术效率的有效发挥（董直庆和焦翠红等，2016）。在实践中，强调在引进先进技术的基础上基于本地区要素禀赋结构对引入技术进行充分消化、吸收及改造是各地区存在的普遍现象。例如，在2016年，我国规模以上工业企业购买国内先进外技术总共支出683.4亿元，对引进技术的消化吸收总共支出109.2亿元，而技术改造总共支出3016.6亿元；在2017年，我国规模以上工业企业购买国内外先进技术总共支出600.2亿元，对引进技术的消化吸收总共支出118.5亿元，而技术改造总共支出3103.4亿元。这表明在对先进技术引进的过程中，与原有要素禀赋结构相匹配的技术进步偏向在空间扩散过程中极有可能发生改变，故技术进步偏向的空间扩散可能并非完全以线性形式扩散，由此，本章要回答的第二个问题是，在从发达地区向欠发达地区空间扩散的过程中，技术进步偏向是否会发生改变？随之而来的问题是，如果技术进步偏向在空间扩散过程中其扩散方向和强度确实发生改变，那么其又会呈现一种怎样的特征？对以上三个问题的回答涉及我国创新驱动发展战略下合理地进行技术选择和技术引进的问题，有鉴于此，本章围绕以上问题试图为我国技术进步偏向的空间扩散现象提供系统的理论分析和实证根据。

已有文献主要从三种思路展开技术进步偏向空间扩散的研究。第一种思路，从贸易开放角度分析技术进步偏向空间扩散。这类文献认为由于不同国家要素禀赋结构的差异，发达国家与欠发达国家不仅在技术进步水平上存在较大差距，而且其技术进步偏向特征也存在较大不同。一般来说，发达国家资本深化程度比较高，这往往容易衍生出与丰裕资本相契合的技术，因而其呈现出资本偏向特征。在开放条件下，发达国家主要出口资本密集商品，这又进一步鼓励其国内产业研发，具有资本偏向特征。相对而言，欠发达国家劳动力较丰富，这种要素禀赋结构往往容易衍生出与劳动要素相匹配的技术组合，所以其技术方向为劳动偏向。然而在贸易开放后，欠发达国家发现利用发达国家的技术组织生产所取得的效益会更高，欠发达国家会从发达国家大量引进资本偏向型技术，这主要体现在其购买的资本设备上，通过这些资本设备，欠发达国家的技术进步方向就会朝资本偏向型技术转变（Acemoglu，2003）。如张莉、李捷瑜等（2012）通过跨国经济数据的实证研究发现，贸易开放后，发展中国家会大量进口发达国家的资本设备，这些进口的资本设备具有典型的资本偏向特征，因此发展中国家的技术也会像发达国家一样更加偏向资本要素。陈欢、王燕（2015）基于中国制造业细分行业的面板数据也得出了类似的结论。王林辉、杨博等（2017）测度了中国和美国制造业22个细分行业技术进步偏向指数，并运用面板数据模型研究了技术进步偏向在中国和美国这22个细分行业之间的空间传递，并认为美国制造业技术进步偏向对中国制造业的技术进步偏向存在显著的传递效应，但存在1—2年的时间滞后。根据类似的逻辑，也有文献利用国内发达地区与欠发达地区的数据进行实证研究，潘文卿、吴天颖等（2017）利用中国266个城市的数据测算了技术进步偏向指数，并对北京、上海、广东三个发达城市对其他欠发达城市的扩散效应进行了实证分析，结果发现这三个发达城市的技术进步偏向与其他欠发达城市的技术进步偏向存在显著的正向关系；进一步地分析发现，技术进步偏向的空间扩散效应主要是由要素增强型技术空间扩散导致的。第二种思路，从防御性创新角度来分析技术进步偏向的空间传递。这种观点认为发达国家的资本密集型产品进入欠发达国家时，其产品市场竞争力更强，这对欠发达国家的原有市场形成巨大冲击，为了应对这种外来冲击，欠发达国家的企业会通过防御性创新以应对来自国外的竞争，这最终会使得欠发达国家企业加强对资本偏向型技术的研发投入，从而资本偏向型技术从发达国家传递到欠发达国家（Wood，1995）。第三种思路，技术进步偏向的空间扩散效应受技术引进的直接传递效应和间接引致效应的双重影响。董直庆等（2016）通过一个包括两类不同技术创新部门的模型研究了技术进步偏向跨国传递，这一模型包括自主创新部门和技术引进部门，该模型详细演绎了技术进步偏向从发达国家向欠发达国家的传递机制，通过数值模拟这一传递过程的动态变化后发现，要素投入结构在技术进步偏向传递过程中起到了决定性作用，并且技术进步偏向的传递方向和强度存在技术适配度的门限效应，最终，技术进步偏向的空间传递一方面受引进技术自身偏向的直接影响，另一方面受引进技术所引致的间接影响。

通过文献梳理发现，尽管已有文献对技术进步偏向的研究已取得许多突破性成果，但仍存在几点不足。第一，尽管许多文献已经发现技术进步偏向存在从发达地区向欠发达地区的空间扩散现象，然而很少有文献研究这一现象发生的理论机理。第二，已有文献大多数只是证实技术进步偏向空间扩散的存在，但对技术进步偏向空间扩散特征的刻画不够细致。第三，尽管已有文献关注到要素禀赋结构对技术进步偏向空间扩散的影响，也即适宜性技术问题，但并未考虑到技术进步偏向的空间扩散受地区适宜性技术创新模式的影响。基于以上三点原因，本章在已有文献研究的基础上，首先对技术进步偏向的空间扩散进行系统的理论分析，然后在考虑地区技术创新模式的基础上，利用面板平滑迁移模型（PSTR）实证分析技术进步偏向空间扩散的非线性特征，以期为我国现阶段合理进行技术选择与技术引进提供一定参考。

第一节　技术进步偏向空间扩散的理论分析

按照新古典经济学增长理论，技术进步是经济持续增长的关键推动力量，发达国家与欠发达国家经济增长水平差距可归因于二者技术进步速度的差异。一般来说，发达国家的技术水平处于世界前沿，他们主要通过自主研发来实现技术创新；而欠发达国家由于受自身条件的限制，如较低的物质资本和人力资本存量、落后的自主创新条件，这些欠发达国家在实现技术赶超时大多从发达国家引进技术，然而，欠发达国家必须比发达国家具有更快的技术进步速度才可能实现比发达国家更快的经济增长（林毅夫和张鹏飞，2006）。因此，在欠发达国家与发达国家存在较大技术差距的条件下，欠发达国家必须比发达国家以更低的成本实现技术创新，其技术进步速度才能比发达国家更快，进而实现经济的持续快速增长（Caselli 和 Coleman，2006）。

而关于技术引进的途径，已有文献认为主要是通过国际贸易，如 Chuang（1998）利用不对称贸易来解释欠发达国家具有更快的技术进步。如果两个国家的技术差距较大，那么相对欠发达的国家可以通过与发达国家进行贸易而获得学习溢出效应，而发达国家却不能获得这种技术溢出效应，欠发达国家与发达国家之间不对称的学习溢出效应使得欠发达国家获得更快的技术进步，但随着技术差距的缩小，这种不对称的学习溢出效应会逐渐减小，最终，欠发达国家与发达国家的技术差距会持久地存在。除了国际贸易外，技术扩散的途径还包括FDI和人力资本的扩散（舒元和才国伟，2007）。不论是通过哪一种途径进行技术扩散，其本质都是要素增强型技术的空间扩散（潘文卿和吴天颖等，2017）。然而，在要素禀赋结构既定的条件下，技术进步并不一定会以相同的速度来提高每一种要素的生产效率，如果不同要素的生产效率受技术进步的影响后其增长速度产生明显差异，技术进步就呈现一定的要素偏向特性，故在技术进步空间传递的同时，技术进步偏向可能会随着要素增强型技术的空间扩散而产生扩散现象。据此，提出如下理论假说1。

假说1：在发达程度不同的经济体之间存在一定的技术差距，欠发达经济体往往以低廉的成本从发达经济体引进较为先进的技术，结果在要素禀赋结构不变的情况下，技术进步偏向可能会随技术的空间扩散而产生扩散现象。

在经济日趋一体化的大背景下，技术水平相对落后的欠发达经济体除了依靠自身研发实现技术进步外，还可以通过技术引进的方式吸收发达经济体的先进技术，这为其技术赶超和经济的持续快速增长提供了机会（林毅夫和张鹏飞，2006）。然而，一个典型的事实是即使不同欠发达经济体的技术引进途径完全相同，其对经济增长的影响却并不必然一致，这取决于特定经济体对引进技术的适用能力，也就是所谓的适宜技术问题。一个经济体的适宜技术由其要素禀赋结构内生决定（林毅夫和张鹏飞，2006），如果欠发达经济体的技术选择与自身要素禀赋结构一致，也即选择了最适宜技术，那么其经济增长速度可以超过发达经济体的增长速度。从技术进步偏向的角度看，适宜技术问题就是技术进步偏向与要素禀赋结构是否契合，例如，具有资本偏向特征的技术要想充分发挥效率往往需要较为密集的资本和相应的劳动技能，而具有劳动偏向特征的技术要想充分发挥效率往往需要丰裕的劳动力资源（孔宪丽和米美玲等，2015）。另外，一个典型的事实是技术进步的要素偏向特征会促使生产要素不断流向回报率高的部门，从而使得生产要素在不同部门发生重新配置（王林辉和袁礼，2018），这是技术进步偏向与要素禀赋结构契合程度不断提高的过程，这也表明如果技术进步偏向与本地区要素禀赋结构不能完全契合，要素的技术效率将不能得到有效发挥。

然而，引进技术衍生于发达经济体的要素禀赋，这使得其具有发达经济体的要素偏向特征，其往往与引入地的要素禀赋结构并不能完全契合。也即从发达经济体引进的技术并不一定是欠发达经济体的最适宜技术，欠发达经济体在技术引进后往往还需要付出消化、吸收和改造的相关支出成本，这样才能使得引进技术与本地区要素禀赋结构相契合，从而真正成为适宜技术。总之，当经济体的要素禀赋结构既定时，若引进技术的要素偏向特征与要素禀赋结构相适应，那么其生产效率即可得到改进；反之，当引进技术的要素偏向特征与要素禀赋结构不相适，则其生产效率将有所下降。因为引进技术与本地要素禀赋结构并不完全适应，所以对引进技术的消化、吸收成为必要，这导致原有技术在扩散过程中其要素偏向特征可能会发生变化，所以技术进步偏向空间扩散并不一定是以线性方式进行，而可能呈现出一种较为复杂的非线性方式。故提出如下理论假说2。

假说2：当引进技术的要素偏向特征与地区要素禀赋结构一致时，这种引进技术就是所谓的适宜技术。由于现实中经济体在引进技术的过程中往往会遇到引进技术不是最适宜技术的问题，这就会产生对引进技术的消化、吸收过程，这将导致原有技术在扩散过程中其要素偏向特征发生改变，故技术进步偏向的空间扩散并不一定以线性方式进行，而可能呈现出一种较为复杂的非线性方式。

现阶段我国各省份经济和技术存在着发展不平衡的现实，一方面，欠发达省份纷纷试图通过技术引进在短期内缩小与发达省份的技术差距；另一方面，由于技术引进有明显的路径依赖特征，而且随着技术差距的缩小，技术引进的空间越来越小，模仿的成本越来越高，欠发达地区容易陷入引进、落后、再引进、再落后的恶性循环，这就涉及什么才是本地区适宜的创新模式问题。所谓适宜性创新模式并不是指单纯的自主创新，也不是指单纯的技术引进或技术模仿，而是指与地区要素禀赋结构及经济环境相匹配的创新模式组合。适宜性创新模式可以让欠发达地区跳出技术引进怪圈，其是一种通过对引进技术进行充分消化、吸收及改造，并进行二次创新的新模式组合，这种新模式最终能够使得欠发达地区取得技术进步的赶超。

对于地区适宜性创新模式而言，依靠自主创新与依靠技术引进并不冲突，关键是要在这两种技术创新模式之间选择合适的平衡点（余泳泽和张先轸，2015）。

由于内源式创新模式立足于原有要素禀赋结构，其技术进步偏向与原有要素禀赋结构的契合度较高；而对于引进式创新模式，其技术进步偏向与接受地区要素禀赋结构并不一定能够契合，引入技术生产效率是否能充分发挥取决于引入地区对引进技术的消化、吸收能力。在内源式创新模式和引进式创新模式的最佳平衡点，其对引进技术的消化、吸收能力最强，最可能产生二次创新，此时，引进技术的要素偏向特征与本地要素禀赋结构契合度较高，引进技术的生产效率最高。因此，当技术创新模式为适宜性创新模式时，引进地区对引进技术的消化、吸收能力较强，技术进步的原有方向发生改变的可能性较大，这时，技术进步偏向的空间扩散效应较小；反之，当技术创新模式为非适宜性创新模式时，引进地区对引进技术的消化、吸收能力较弱，技术进步的原有方向发生改变的可能性较小，此时，技术进步偏向的空间扩散效应较大。总之，技术进步偏向的空间扩散效应存在地区技术创新模式的门限效应。据此提出如下假说3。

假说3：不同地区存在适宜性技术创新模式，当技术创新模式为适宜性创新模式时，引进地区对引进技术的消化、吸收能力较强，技术进步的原有方向发生改变的可能性较大，这时，技术进步偏向的空间扩散效应较小；反之，当技术创新模式为非适宜性创新模式时，引进地区对引进技术的消化、吸收能力较弱，技术进步原有的方向发生改变的可能性较小，此时，技术进步偏向的空间扩散效应较大，故技术进步偏向的空间扩散效应存在地区技术创新模式的门限效应。

第二节　模型构建与数据说明

关于技术进步偏向的空间扩散的研究，已有文献大多强调的是线性特征，而对于其非线性特征很少有文献涉及。实际上，受制于适宜性创新模式，技术进步偏向的空间扩散并不是简单地表现为非正即负的线性特征，而是表现出较为复杂的非线性特征。对于变量之间非线性特征的计量模型，早期使用较多的是Hansen（1999）提出的门限回归模型（PTR），然而，门限回归模型的一个不足之处是在门限值的两侧，变量的转换是跳跃的，而现实中经济变量的影响效应往往是渐变的。为此，González等（2005）在模型中引入一个带有连续变化特征的转换函数，构建了面板平滑迁移模型（PSTR），从而很好地定量分析模型从低区制向高区制的平滑转换过程。鉴于面板平滑迁移模型（PSTR）能很好地刻画变量回归系数在低区制向高区制变化过程中的平滑转换机制，本书通过构建面板平滑迁移模型（PSTR）对前文提出的假说进行实证检验。

一、面板平滑迁移模型(PSTR)介绍

（1）PSTR模型的形式。

面板平滑迁移模型（PSTR）如下式：

$$y_{it} = \alpha_i + \beta_0' x_{it} + \beta_1' x_{it} g(q_{it};\ \gamma,\ c) + \varepsilon_{it} \tag{5.1}$$

式（5.1）中，y_{it}和x_{it}分别表示被解释变量和解释变量，$i = 1, 2, \cdots$，$t = 1, 2, \cdots$，α_i表示个体固定效应，ε_{it}表示随机扰动项，其具有零均值、同方差，β_0和β_1分别表示模型的线性部分和非线性部分回归系数向量，$g(q_{it};\ \gamma,\ c)$表示面板平滑迁移模型的转换函数。按照已有文献通常的做法，平滑转换函数$g(q_{it};\ \gamma,\ c)$采用Logistic函数形式，如式（5.2）所示：

$$g(q_{it};\ \gamma,\ c) = \frac{1}{1 + \exp\left[-\gamma \prod_{j=1}^{m} (q_{it} - c_j)\right]} \tag{5.2}$$

式（5.2）中转换变量为q_{it}，且其为可观测变量，斜率系数$\gamma > 0$决定了平滑转换的速度，且斜率系数γ越大表示平滑转换速度越快；位置参数$c = (c_1, c_2, \cdots, c_m)$表示区制转换的具体位置，$m$为位置参数的维数，且$c_1 \leqslant c_2 \leqslant \cdots \leqslant c_m$。由于转换函数$g(q_{it};\ \gamma,\ c)$采用Logistic函数形式，其取值范围为0—1，且转换函数为转换变量q_{it}的连续有界函数，故在给定位置参数c时，随着转换变量q_{it}的变化，转换函数在0—1之间平滑转换，从而回归系数将在β_0到$\beta_0 + \beta_1$之间平滑转换，且在转换函数$g(q_{it};\ \gamma,\ c)$的两端，回归系数分别为β_0和$\beta_0 + \beta_1$。

转换函数$g(q_{it}; \gamma, c)$根据平滑参数γ的不同而呈现出不同的转换过程，为了直观展示这一过程，下文模拟平滑参数γ在四种不同取值（γ = 0.1，0.5，1，5）情况下的图像。图5.1为位置参数的维数$m = 1$且位置参数$c = 0$时的图像，图5.2为位置参数的维数$m = 2$且位置参数$c_1 = -1$，$c_2 = 1$时的图像。以图5.1为例，当平滑参数γ较小时（如$\gamma = 0.1$），转换函数$g(q_{it}; \gamma, c)$由低区制向高区制的转换过程中存在一个较为缓慢的平滑过程；当平滑参数γ较大时（如$\gamma = 5$），转换函数$g(q_{it}; \gamma, c)$由低区制向高区制的转换过程中存在一个较为快速的平滑过程，在转换点附近表现较为陡峭。

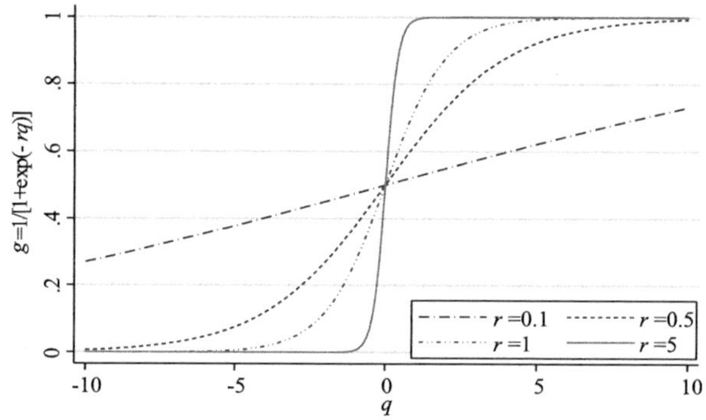

图5.1　$m = 1$，$c = 0$

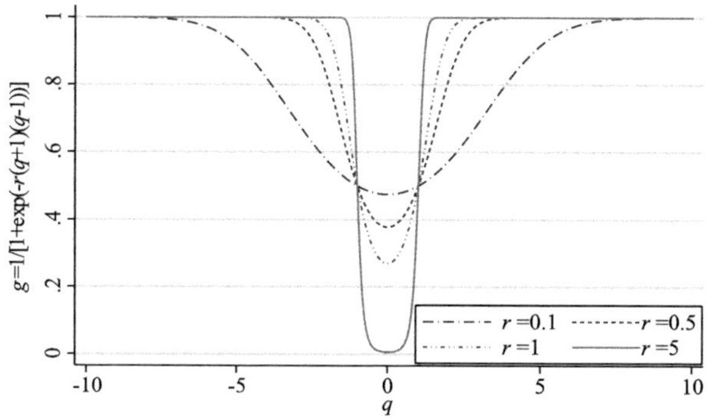

图5.2　$m = 2$，$c_1 = -1$，$c_2 = 1$

当转换函数$g(q_{it}; \gamma, c)$设为Logistic函数形式时，由于位置参数c不同，转换函数$g(q_{it}; \gamma, c)$呈现出一些具体的特征。

①当位置参数维数$m = 1$时，转换函数$g(q_{it}; \gamma, c)$的具体形式为

式（5.3）：

$$g(q_{it};\ \gamma,\ c)=\frac{1}{1+\exp[-\gamma(q_{it}-c)]} \tag{5.3}$$

当转换变量 $q_{it}\to-\infty$ 时，转换函数 $g(q_{it};\ \gamma,\ c)\to 0$，此时PSTR模型处于低区制；当转换变量 $q_{it}\to+\infty$ 时，转换函数 $g(q_{it};\ \gamma,\ c)\to 1$，此时PSTR模型处于高区制；当转换变量 $q_{it}=c$ 或 $\gamma\to 0$ 时，转换函数 $g(q_{it};\ \gamma,\ c)=0.5$，此时PSTR模型退化为普通的固定效应面板数据模型；当 $\gamma\to+\infty$ 时，若转换变量 $q_{it}<c$，那么转换函数 $g(q_{it};\ \gamma,\ c)\to 0$；若转换变量 $q_{it}>c$，那么转换函数 $g(q_{it};\ \gamma,\ c)\to 1$，此时PSTR模型退化为普通的面板门限回归模型。

②当位置参数维数 $m=2$ 时，转换函数 $g(q_{it};\ \gamma,\ c)$ 的具体形式为式（5.4）：

$$g(q_{it};\ \gamma,\ c_1,\ c_2)=\frac{1}{1+\exp[-\gamma(q_{it}-c_1)(q_{it}-c_2)]} \tag{5.4}$$

式（5.4）中，有两个位置参数，且 $c_1<c_2$，转换函数 $g(q_{it};\ \gamma,\ c_1,\ c_2)$ 关于 $q_{it}=(c_1+c_2)/2$ 对称，且在该点转换函数 $g(q_{it};\ \gamma,\ c_1,\ c_2)$ 取得最小值，而当 $q_{it}<c_1$ 与 $q_{it}>c_2$ 时，PSTR模型存在两个相同的区制，且在 $q_{it}\to\pm\infty$ 时，转换函数 $g(q_{it};\ \gamma,\ c_1,\ c_2)\to 1$，PSTR模型处于高区制；在转换变量 $q_{it}=c$ 或 $\gamma\to 0$ 时，转换函数 $g(q_{it};\ \gamma,\ c_1,\ c_2)=0.5$，PSTR模型退化为普通固定效应面板数据模型。因而，普通固定效应面板数据模型与面板门限回归模型可视作PSTR模型的特殊形式。

③一般形式的PSTR模型：

$$\begin{cases} y_{it}=\alpha_i+\beta_1x_{1,\ it}+\beta_2x_{2,\ it}+\cdots+\beta_zx_{z,\ it}+ \\ \qquad \sum_{z=1}^{r}(\beta_1^{(r)}x_{1,\ it}+\beta_2^{(r)}x_{2,\ it}+\cdots+\beta_z^{(r)}x_{n,\ it})\cdot g(q_{it};\ \gamma^{(r)},\ c^{(r)})+\varepsilon_{it} \\ g(q_{it};\ \gamma^{(r)},\ c^{(r)})=\dfrac{1}{1+\exp[-\gamma^{(r)}\prod_{j=1}^{m}(q_{it}-c_j^{(r)})]} \end{cases} \tag{5.5}$$

式（5.5）中，z 为解释变量个数，r 为转换函数个数。

（2）PSTR模型的检验。

首先，要检验是否存在非线性转换机制；其次，要检验PSTR模型存在非线性部分的个数；最后，要检验PSTR模型位置参数的维数。

①检验是否存在非线性转换机制以及转换函数个数r的确定。

若式（5.1）不存在非线性转换机制，则适合采用普通固定效应面板数据模型，这等于对式（5.1）施加约束$\gamma = 0$，所以这一阶段模型检验的原假设为H_0：$\gamma = 0$。由于冗余参数的存在，对转换函数$g(q_{it};\ \gamma,\ c)$在$\gamma = 0$处进行一阶泰勒展开，构建辅助回归方程：

$$y_{it} = \alpha_i + \beta_0'^{*} x_{it} + \beta_1'^{*} x_{it} q_{it} + \cdots + \beta_m'^{*} x_{it} q_{it}^m + \varepsilon_{it}^* \tag{5.6}$$

式（5.6）中，参数$\beta_1'^{*}$，…，$\beta_m'^{*}$为转换函数$g(q_{it};\ \gamma,\ c)$进行一阶泰勒展开后得到的新回归系数向量，$\varepsilon_{it}^* = \varepsilon_{it} + R_m \beta_1'^{*} x_{it}$，$R_m$为泰勒展开余项。若原假设为$H_0$：$\gamma = 0$成立，则有等式$\beta_1^* = \beta_2^* = \cdots = \beta_m^* = 0$成立，且$\varepsilon_{it}^* = \varepsilon_{it}$，这可以通过构建LM统计量进行检验。具体来说，将式（5.6）写成式（5.7）：

$$y = D_\alpha \alpha + X\beta + W\beta^* + \varepsilon^* \tag{5.7}$$

式（5.7）中，$y = (y_1',\ \cdots,\ y_i',\ \cdots,\ y_N')'$，$y_i = (y_{i1},\ \cdots,\ y_{iT})'$，$i = 1,\ 2,\ 3,\ \cdots,\ N$；$D_\alpha = (I_N \otimes \tau_T)$，$I_N$为$N \times N$维单位矩阵，$\tau_T$为$T$维单位列向量，$\otimes$为克罗内克乘积；$\alpha = (\alpha_1,\ \cdots,\ \alpha_i,\ \cdots,\ \alpha_N)'$，$X = (X_1',\ \cdots,\ X_i',\ \cdots,\ X_N')$且$X_i = (x_{i1}',\ \cdots,\ x_{iT}')'$，$W = (W_1',\ \cdots,\ W_i',\ \cdots,\ W_N')'$且$W_i = (w_{i1}',\ \cdots,\ w_{it}',\ \cdots,\ w_{iT}')'$，$w_{it} = (x_{it}'q_{it},\ \cdots,\ x_{it}'q_{it}^m)'$。同时，$\beta = \beta_0^*$，$\beta^* = (\beta_1^{*\prime},\ \cdots,\ \beta_m^{*\prime})'$。$\varepsilon^* = (\varepsilon_1^{*}{}',\ \cdots,\ \varepsilon_i^{*}{}',\ \cdots,\ \varepsilon_N^{*}{}')'$为$TN$维行向量，且$\varepsilon_i^* = (\varepsilon_{i1}^*,\ \cdots,\ \varepsilon_{iT}^*)'$。因此得到$LM$统计量的表达式为式（5.8）：

$$LM_x = \hat{\varepsilon}^{0\prime} \tilde{W} \hat{\Sigma}^{-1} \tilde{W}' \hat{\varepsilon}^0 \tag{5.8}$$

式（5.8）中，$\hat{\varepsilon}^0 = (\hat{\varepsilon}_1^{0}{}',\ \cdots,\ \hat{\varepsilon}_N^{0}{}')'$为$H_0$成立时的残差向量，且$\tilde{W} = M_\alpha W$，其中，$M_\alpha = I_{NT} - D_\alpha (D_\alpha' D_\alpha)^{-1} D_\alpha'$，$\hat{\Sigma}$为渐进协方差，式（5.8）为渐进$\chi^2(mk)$分布，且在实际操作中可将其转化为：

$$LM_\chi = \frac{TN(SSR_0 - SSR_1)}{SSR_0} \tag{5.9}$$

式（5.9）中，SSR_0表示原假设下残差平方和，SSR_1表示备选假设下的残差平方和。同时，根据F统计量的含义可得到检验统计量式（5.10），且其服从$F(mk,\ TN - N - m(k + 1))$分布。

$$LM_F = \frac{(SSR_0 - SSR_1)/mk}{SSR_0/[TN - N - m(k + 1)]} \tag{5.10}$$

另外，Colletaz et al.（2006）研究提出检验的LRT统计量：

$$LRT = -2(\ln SSR_1 - \ln SSR_0) \tag{5.11}$$

②检验位置参数的维数。

利用辅助回归方程（5.6），假设位置参数维数m=3，则可以通过检验如下4个原假设确定位置参数的维数：H_0^*：$\beta_1^* = \beta_2^* = \beta_3^* = 0$；$H_{01}^*$：$\beta_1^* = 0|\beta_2^* = \beta_3^* = 0$；$H_{02}^*$：$\beta_2^* = 0|\beta_3^* = 0$；$H_{03}^*$：$\beta_3^* = 0$。如果拒绝$H_0^*$，表示模型存在非线性转换机制；如果拒绝$H_{01}^*$，表示参数维数$m$=1；如果拒绝$H_{02}^*$，表示参数维数$m$=2。

（3）PSTR模型的参数估计。

如果PSTR模型检验发现确实存在非线性转换机制，下一步就要估计PSTR模型的参数，也即是参数向量$\theta = (\beta_0', \beta_1', \gamma, c')'$，通过非线性最小二乘法即可对面板平滑迁移模型（PSTR）进行参数估计，将式（5.1）简写成：

$$y_{it} = \alpha_i + \beta' x_{it}(\gamma, c) + \varepsilon_{it} \tag{5.12}$$

式（5.12）中，$x_{it}(\gamma, c) = (x_{it}', x_{it}' g(q_{it}; \gamma, c))'$，$\beta = (\beta_0', \beta_1')'$，式（5.12）均值形式为：

$$\bar{y}_i = \beta' \bar{x}_i(\gamma, c) + \bar{\varepsilon}_i \tag{5.13}$$

式（5.13）中，$\bar{y}_i$，$\bar{x}_i(\gamma, c)$，$\bar{\varepsilon}_i$表示相应变量的个体均值。将式（5.12）减式（5.13）得：

$$\tilde{y}_{it} = \beta' \tilde{x}_{it}(\gamma, c) + \tilde{\varepsilon}_{it} \tag{5.14}$$

式（5.14）中，$\tilde{y}_{it}(\gamma, c) = y_{it} - \bar{y}$，$\tilde{\varepsilon}_{it} = \varepsilon_{it} - \bar{\varepsilon}_i$，$\tilde{x}_{it}(\gamma, c) = (x_{it}' - \bar{x}_i', x_{it}' g(q_{it}; \gamma, c) - \bar{\omega}_i'(\gamma, c))'$且$\bar{\omega}_i(\gamma, c) = T^{-1}\sum_{t=1}^{T} x_{it} g(q_{it}; \gamma, c)$。式（5.14）是平滑参数$\gamma$和位置参数$c$确定条件下$\beta$的线性方程，对于$\gamma$和$c$最优值的确定可以采用格点搜索法等得到，通过反复迭代，当残差平方和最小时，得到γ和c的最优值：

$$[\hat{\gamma}, \hat{c}] = \arg\min_{(\gamma, c)} \sum_{i=1}\sum_{t=1}[\tilde{y}_{it} - \hat{\beta}(\gamma, c)\tilde{x}_{it}(\gamma, c)]^2 \tag{5.15}$$

在（$\hat{\gamma}$，$\hat{c}$）取最优值时，即可得到β的估计值。

二、PSTR 模型的构建

结合本书理论分析部分的内容并参考已有文献，本书构建的实证模型如下：

模型 1：

$$\begin{aligned} bias = {} & \alpha_0 + \beta_{01} biasdev + \beta_{02} \ln k/l + \beta_{03} \ln hum + \beta_{04} \ln rgdp + \beta_{05} \ln open + \\ & (\beta_{11} biasdev + \beta_{12} \ln k/l + \beta_{13} \ln hum + \beta_{14} \ln rgdp + \\ & \beta_{15} \ln open) g(q_{it}^{1};\ \gamma,\ c) + \varepsilon \end{aligned} \tag{5.16}$$

模型 2：

$$\begin{aligned} bias = {} & \alpha_0 + \beta_{01} biasdev + \beta_{02} \ln k/l + \beta_{03} \ln hum + \beta_{04} \ln rgdp + \beta_{05} \ln open + \\ & (\beta_{11} biasdev + \beta_{12} \ln k/l + \beta_{13} \ln hum + \beta_{14} \ln rgdp + \\ & \beta_{15} \ln open) g(q_{it}^{2};\ \gamma,\ c) + \varepsilon \end{aligned} \tag{5.17}$$

式（5.16）和（5.17）分别称为模型 1 和模型 2，其中 i 表示以各省份表示的横截面单元，考虑到西藏自治区部分数据缺失，本书采用除西藏自治区外的 30 个省市作为研究对象，且 $i = 1, 2, \cdots, 30$；t 表示时期，且 $t = 1996, 1997, \cdots, 2018$；*bias* 表示技术进步偏向指数，*biasdev* 表示发达地区技术进步偏向指数。另外，参考已有文献的研究成果，一般认为经济开放程度、地区人力资本，人均资本存量、经济发展水平等因素可能会影响技术进步偏向，故本书将这几个变量作为控制变量引入模型。其中 k/l 表示人均资本存量，*hum* 表示地区人力资本，*rgdp* 表示人均 GDP，*open* 表示地区开放度。为了对模型进行稳健性检验，在模型 1 和模型 2 中分别使用不同的技术创新模式代理变量作为转换变量，且分别用 q_{it}^{1} 和 q_{it}^{2} 表示。

三、变量数据说明

因变量：技术进步偏向指数（*bias*），参考陈晓玲、连玉君（2012）的方法采用标准化供给面系统方法测算，具体过程见第三章对相关内容的介绍。

核心解释变量：发达地区技术进步偏向指数（*biasdev*），参考舒元（2007）、潘文卿等（2017）的做法，将北京、上海、广东这三个经济较为发达且技术创新水平在全国位居前列的省市作为技术进步偏向的扩散源，其他省市作为技术进步偏向的接收地，在此将这三个地区作为一个整体考虑，也采用标准化供给面系统方法测算其整体的技术进步偏向指数，并作为发达地区技术进步偏向指数。

转换变量：地区创新模式（q_{it}^1和q_{it}^2），考虑到某地区的技术创新模式并不是单纯指技术引进或自主创新，而是指与地区要素禀赋结构及经济环境相匹配的创新模式组合。模型1采用各地区规模以上工业企业技术引进、消化、吸收的经费支出与R&D经费内部支出之比表示地区创新模式（q_{it}^1），模型2采用各地区规模以上工业企业技术引进、消化、吸收的经费支出与开发新产品经费支出之比表示地区创新模式（q_{it}^2）。

其他控制变量：人均资本存量（k/l）是资本深化的指标，对于资本存量，参考多数文献后采用永续盘存法测算，其公式是$K_t = I_t + (1 - \delta)K_{t-1}$，$K_t$为期初资本存量，$K_{t+1}$为期末资本存量，也就是下期期初资本存量，$\delta$为资本折旧率，且将1996年作为基期，对于基期资本存量的核算方法利用Hall和Jones（1999）提出的公式$K_0 = I_0/(g + \delta)$，其中I_0为1996年固定资本形成总额，g为1996—2018年地区实际生产总值平均增长率，δ为折旧率。另外，在核算过程中，本书用固定资产价格指数将固定资产投资转化为实际值；对于劳动，采用全社会从业人员数表示。地区人力资本（hum），这里采用平均受教育年限表示。人均地区生产总值（$rgdp$）是经济发展水平指标。地区经济开放度（$open$）用各地区进出口总额与地区生产总值之比表示。

本章所有变量原始数据的来源除了第三章所述的资料之外，还有历年《中国科技统计年鉴》《中国工业统计年鉴》和中经网数据库。样本时间跨度为1996—2018年，除技术进步偏向指数外，对其他变量均取对数，各主要变量的统计特征如表5.1。

表5.1　主要变量的统计特征

变量	含义	观测值	最小值	最大值	平均值	中位数	标准差
lnk/l	人均资本存量对数	690	−0.7460	3.9536	1.7157	1.7425	0.9872
ln$open$	进出口总额对数	690	−4.0824	0.5432	−1.7810	−2.0771	0.9989
ln$rgdp$	人均GDP对数	690	7.6246	11.5498	9.6191	9.6454	0.8185

续 表

变量	含义	观测值	最小值	最大值	平均值	中位数	标准差
ln*hum*	人力资本对数	690	1.5460	2.5397	2.1020	2.1104	0.1444
q^1	技术创新模式1	690	0.0002	7.4668	0.3256	0.1912	0.5087
q^2	技术创新模式2	690	0.0015	13.6051	0.7058	0.3087	1.2338

注：作者根据收集的数据测算得到。

第三节　技术进步偏向空间扩散的实证分析

一、模型的检验

针对前文理论分析所提出的三个假说，本节利用面板平滑迁移模型（PSTR）对其进行实证检验。首先，对模型进行非线性检验，也即检验面板数据是否适合使用非线性模型。具体来说，原假设表示模型是线性的，若拒绝原假设，则说明样本数据存在横截面上的异质性，使用非线性模型是合适的。具体检验结果如表5.2。结果表明，在1%水平下都拒绝了H_0，故模型1和模型2设为非线性是合适的。从经济意义上看，这表明发达地区向欠发达地区技术进步偏向的空间扩散并不是简单的线性关系，而是存在一种较为复杂的非线性扩散机制。其次，需要进行最适转移函数个数r的确定。对H_0：r=1进行显著性检验，结果表明模型并不能拒绝最适转换函数个数r=1的原假设，故将模型1和模型2设为两区制的面板平滑迁移模型是合适的。

表5.2　面板平滑迁移模型非线性检验结果

模型	转换变量	$H_0:r=0$　$H_1:r=1$			$H_0:r=1$　$H_1:r=2$		
		LM	LMF	LRT	LM	LMF	LRT
模型1	q^1	19.712 (0.001)	3.887 (0.002)	20.212 (0.001)	1.533 (0.899)	0.272 (0.902)	1.532 (0.902)
模型2	q^2	10.965 (0.052)	2.100 (0.062)	11.055 (0.050)	3.346 (0.646)	0.633 (0.677)	3.342 (0.653)

注：作者根据Matlab软件回归结果整理，括号内为P值。

另外，在参数估计前还需要确定模型位置参数的维数m，根据González等（2005）的研究结果，一般将位置参数个数设为1或2。本书分别对$m=1$和$m=2$情况下的模型进行估计得到AIC和BIC值，并利用这一准则对m进行识别，结果见表5.3。由表5.3检验结果知，模型1和模型2的位置参数维数$m=1$。

表5.3　面板平滑迁移模型位置参数维数识别

模型	r	m	AIC	BIC	识别结果
模型1	1	1	-0.4017	-3.918	m=1
	1	2	-0.4002	-3.912	
模型2	1	1	-3.969	-3.889	m=1
	1	2	-3.962	-3.877	

二、基于全国样本的估计结果

在对转换函数个数及位置参数维数识别的基础上，本书利用非线性最小二乘法对模型1进行参数估计，表5.4为估计结果。从模型1的估计结果看，对于核心解释变量*biasdev*，首先，全国样本下其回归系数线性部分为1.2276，非线性部分为-1.0574，两个回归系数都很显著，这说明技术进步偏向确实可以进行空间扩散，这验证了前文的假设1，也即在要素禀赋结构不变的情况下，在技术由发达经济体向欠发达经济体进行扩散的过程中，技术进步偏向确实也能够产生空间扩散现象。

其次，由于回归系数线性部分为正数，而非线性部分为负数，所以技术进步偏向空间扩散效应系数在β_{01}—$\beta_{01}+\beta_{11}$之间，即在1.2276—0.1702之间变化，创新模式由低区制向高区制转换的过程中，扩散系数存在一个平滑转换过程，其中转换变量的门限值为0.3423，转换速度为2.0591，图5.3为转换函数的动态变化过程。由图5.3可以看出空间扩散系数不仅在高区制和低区制有分布，而且在中间位置也有分布，这比一般线性模型或普通门限模型更精确地刻画了技术进步偏向空间扩散特征。这验证了前文的假说2，也即技术进步偏向的空间扩散并不是以线性的方式进行，而是呈现一种较为复杂的非线性方式。同时，这一实证结果有重要的经济学含义，这表明较高的技术引进比例并非必然导致较强的技术进步偏向空间扩散效应，更可能的情况是技术创新模式越接近地区最适创新模式，技术进步偏向的空间扩散效应反而越弱，这主要是因为技术引进地区根据自身要素禀赋结构对引进技术进行本土化改造，其更加强调对引进技术的渐进式创新或二次创新，从而避免了引进技术的“水土不服”现象。

最后，技术进步偏向的空间扩散效应存在以创新模式为门限的门限效应，创新模式的门限值为0.3423。在门限值的两侧分别代表创新模式的不同区制，以门限值0.3423为界，大于门限值称为高区制（此时为适宜性创新模式），低于门限值称为低区制（此时为非适宜性创新模式）。当技术创新模式为非适宜性创新模式时，技术进步偏向空间扩散效应增强，此时系数β_{01}=1.2276；超过门限值后，空间扩散效应迅速减小，即当技术创新模式为适宜性创新模式时，空间扩散效应减弱，此时空间扩散系数为$\beta_{01}+\beta_{11}$=0.1702。其经济含义是技术创新模式越接近适宜性创新模式，技术引入地区对引进技术的消化、吸收能力越强，引进技术原有的要素偏向特征改变越大，故技术进步偏向空间扩散效应越弱。通过进一步比较发现，我国绝大多数省份的技术创新模式都超过了门限值，也即多数地区对先进技术的消化、吸收能力较强，能够不断实现渐进的技术创新或二次创新，对发达地区进行技术追赶。

表5.4 PSTR模型参数估计结果

变量		全国	东部	中部	西部
biasdev	线性部分	1.2276*** (8.7124)	1.1027*** (6.7071)	1.2155*** (4.5152)	1.2748*** (4.3268)
	非线性部分	−1.0574*** (−5.3247)	−1.0722*** (−6.3145)	−0.4321*** (−3.2074)	−0.6647*** (−3.7125)
ln*k*/*l*	线性部分	−0.0072 (−0.8677)	0.1132** (1.9723)	0.1476** (1.9886)	−0.0034 (−0.8977)
	非线性部分	−0.0227 (−1.2572)	−0.0178 (−0.8728)	−0.01665 (−0.7229)	−0.0249 (−1.4123)
ln*hum*	线性部分	0.8170*** (3.7781)	0.7251*** (5.5474)	0.9287*** (3.7754)	0.7577*** (4.8283)

续　表

变量		全国	东部	中部	西部
ln*hum*	非线性部分	−0.5761*** (−3.6274)	−0.5963*** (−8.7276)	−0.6723*** (−4.7886)	−0.5432*** (−3.6271)
ln*rgdp*	线性部分	−0.0979** (−2.1233)	0.2231* (1.7814)	−0.1087** (−2.3413)	−0.1213* (−1.8112)
	非线性部分	0.1327*** (3.3627)	−0.0927** (−2.1918)	0.1387** (2.2578)	0.1476** (2.0578)
ln*open*	线性部分	0.0537*** (2.9281)	0.0631*** (4.7518)	0.0273 (1.4129)	0.03142*** (3.7781)
	非线性部分	−0.0212* (−1.8485)	−0.0124** (−2.1271)	−0.0338** (−2.0715)	−0.0207* (−1.8584)
平滑参数γ		2.0591	2.1313	1.8218	1.9725
位置参数c		0.3423	0.3812	0.3113	0.3107

注：作者根据Matlab软件回归结果整理，括号内为t值（本章以下同）。

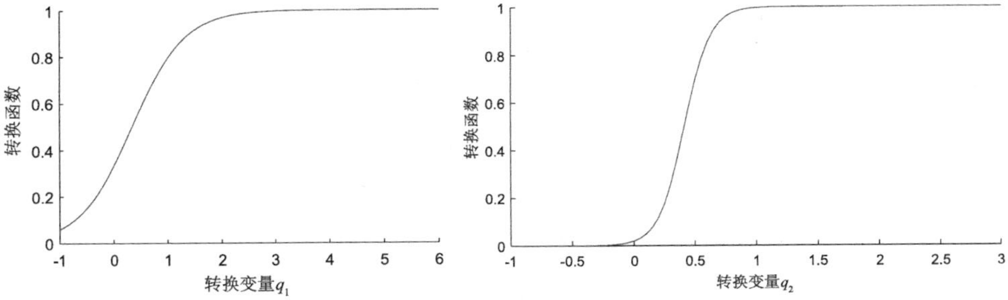

图5.3　转换函数的动态变化

对于其他解释变量，①人均资本存量回归系数的线性部分和非线性部分都不显著。一般来说，要素禀赋是决定技术进步偏向的关键，而我国的技术进步偏向受其影响却不明显，其对我国技术进步偏向发挥的作用较小，究其原因可能与我国在改革开放后40年的发展过程中大量引进海外技术有关。同时，这一结果也说明现阶段我国技术进步的适宜性有待提高。②人力资本回归系数的线性部分为正数，非线性部分为负数，且显著性较强，说明随着技术创新模式的优化，人力资本积累可以明显降低技术进步偏向资本的程度，这主要是因为提高人力资本水平不但有利于对引进技术进行消化吸收，提高接收地要素禀赋结构与引进技术的匹配程度，而且提高人力资本水平可增强技能劳动与先进技术的互补性。③经济发展水平回归系数的线性部分为负数，非线性部分为正数，但总和为正数。这表明现阶段经济发展水平的提高使得技术进步更加偏向资本，这可能是因为现阶段经济发展水平越高，可用资金越丰裕，企业越倾向于对先进技术和设备加大投入，故经济发展水平对我国技术进步偏向有正向影响，这也与当前我国发展的实际情况比较一致。④开放度回归系数的线性部分为正数，非线性部分为负数。这表明现阶段提高经济的开放程度对技术进步偏向有正向作用，其原因可能是通过国际贸易引进了大量的境外技术，从而使得这些引进的技术带有资本丰裕国家的要素偏向特征，然而随着技术创新模式的优化，技术进步偏向资本的趋势会有所减弱。

三、基于地区分组样本的估计结果

由于我国地区经济发展不平衡，东部地区的经济发达程度较高，中西部地区的经济发达程度相对较低，为了分析技术进步偏向空间扩散在不同区域的差异，本书将样本按经济发达程度不同分为东、中、西三个部分，分别用面板平滑迁移模型（PSTR）进行回归分析，回归结果如表5.4所示。首先，从核心解释变量*biasdev*回归系数看，按地区分组的估计结果线性部分都显著为正，东、中、西部地区依次为1.1027、1.2155、1.2748，非线性部分显著为负，且东、中、西部地区依次为-1.0722、-0.4321、-0.6647，这表明技术进步偏向确实存在空间扩散现象，但在不同地区其扩散效应存在一定差异。其次，从技术进步偏向空间扩散效应系数的变化区间看，东、中、西部地区分别为1.1027-0.0305、1.2155-0.7834、1.2748-0.6101，这表明在创新模式由低区制向高区制转换的过程中，扩散系数存在一个平滑转换过程。最后，当门限变量（技术创新模式）超过门限值且达到高区制之后，东、中、西部地区技术进步偏向空间扩散效应回归系数（$\beta_{01}+\beta_{11}$）分别为0.0305、0.7834、0.6101，很明显东部地区技术进步偏向受空间扩散效应的影响较小，中、西部地区技术进步偏向受空间扩散效应的影响较大，这可能与中、西部地区对引进技术的吸收能力较弱有较大关系，同时这也表明中、西部地区在技术追赶的过程中不能只注重引进技术的先进性，而是要结合自身要素禀赋，注重培育对引进技术的吸收改造能力和二次创新能力。

四、稳健性检验

上文利用面板平滑迁移模型（PSTR）实证检验了我国技术进步偏向空间扩散的非线性特征，为了验证结论的稳健性，接下来使用各地区技术引进、消化、吸收的相关支出与开发新产品经费支出之比作为技术创新模式的代理变量（q^2），并以此为转换变量进行稳健性检验，参数估计结果如表5.5所示，转换函数动态变化过程如图5.3所示。从图5.3可以看出，创新模式门限值为0.4128，样本数据中有一部分位于创新模式低区制和高区制之间，使用平滑迁移模型比线性模型或门限模型更加合理。以全国样本数据的估计结果为例，当地区创新模式处于低区制时（非适宜性创新模式），技术进步偏向空间扩散的效应较大，回归系数为β_{01}=1.4278；然而，当地区创新模式处于高区制时（适宜性创新模式），其空间扩散效应较小，此时回归系数为$\beta_{01}+\beta_{11}$=0.5063。在创新模式由低区制（非适宜性创新模式）向高区制（适宜性创新模式）转换的过程中，核心解释变量的回归系数存在一个平滑过程，转换变量（创新模式）的门限值为0.4128，转换速度为9.4389，这表明超过创新模式门限值后，扩散效应迅速减小，这与前文的研究结论一致。从地区分组的结果来看，与表5.4中核心解释变量*biasdev*的回归系数并无实质性差异，这表明本书的研究结果是十分稳健的。

表5.5　PSTR模型稳健性检验结果

变量		全国	东部	中部	西部
biasdev	线性部分	1.4278*** (8.6167)	1.3184*** (5.3277)	1.2189*** (4.7278)	1.2076*** (3.7729)
	非线性部分	−0.9215*** (−4.7587)	−1.2978*** (−3.7215)	−0.8778*** (−7.2123)	−0.7218*** (−4.5128)
ln*k*/*l*	线性部分	−0.0052 (−0.0991)	−0.0612 (−0.7021)	−0.0038 (−0.0718)	−0.0077 (−0.0882)
	非线性部分	0.0091 (1.3419)	0.0776 (1.5752)	0.0078 (1.2122)	0.0098 (1.3432)
ln*hum*	线性部分	0.7782*** (3.8128)	0.7123*** (5.7123)	0.8283*** (4.2328)	0.6728*** (3.7188)
	非线性部分	−0.3162*** (−2.8112)	−0.3783*** (−3.1218)	−0.4738*** (−3.7881)	−0.4144*** (−4.1218)

续　表

变量		全国	东部	中部	西部
ln*rgdp*	线性部分	-0.0847 (-1.3055)	-0.0712* (-1.6527)	-0.0901 (-1.4127)	-0.07471 (-1.2134)
	非线性部分	0.0208 (0.6531)	0.0177 (0.7872)	0.0357 (0.9271)	0.0412 (0.8788)
ln*open*	线性部分	0.0541*** (2.8113)	0.0727*** (3.7273)	0.0657*** (4.7127)	0.0581*** (3.1719)
	非线性部分	-0.0231* (-1.8749)	-0.0107** (-2.0751)	-0.0324** (-2.3314)	-0.0322** (-1.9972)
平滑参数γ		9.4389	8.7078	7.7084	7.5341
位置参数c		0.4128	0.4372	0.3823	0.3927

注：作者根据Matlab软件回归结果整理。

小　结

针对技术进步偏向的空间扩散现象，本章首先进行了系统的理论分析，然后通过构建面板平滑迁移模型（PSTR）对技术进步偏向空间扩散的非线性特征进行了实证检验，得出如下三个结论：①如果要素禀赋不发生变化，技术进步偏向会随技术的空间扩散而产生扩散现象。然而，由于引进技术的要素偏向特征与本地区要素禀赋结构并非完全契合，也即存在适宜性技术问题，引进地区就会对引进技术进行消化、吸收及改造，这导致原有技术的要素偏向性在扩散过程中发生改变，故技术进步偏向的空间扩散并不是以线性的方式进行扩散，而是呈现出连续平滑转换的非线性特征。②不同地区对引进技术的消化、吸收能力存在一定差异，这与不同地区的创新模式有关。当技术创新模式为适宜性创新模式时，引进地区对引进技术的消化、吸收能力较强，引进技术原有的要素偏向性会发生较大改变，这时，技术进步偏向的空间扩散效应较小；反之，当技术创新模式为非适宜性创新模式时，引进地区对引进技术的消化、吸收能力较弱，引进技术原有的要素偏向性改变较小，此时，技术进步偏向的空间扩散效应较大。③从地区分组的研究结果来看，技术进步偏向空间扩散效应区域差异明显，东部地区技术进步偏向受其影响较小，而中、西部地区受其影响较大。

根据以上结论提出如下几点建议：首先，对于企业来说，其在技术引进时不能只注重引进技术的先进性，而应该充分考虑引进技术的要素偏向特征，只有引进技术的要素偏向特征与本地区要素禀赋结构相契合，才能真正发挥引进技术的生产效率。其次，对于政府来说，其在制定技术政策时，应结合本地区要素禀赋结构，注重激励企业提高引进技术的吸收改造能力和二次创新能力。传统的引进思维热衷于对先进技术的引进，忽视对引进技术的吸收能力和二次创新能力的培育，其结果不仅影响技术生产效率的充分发挥，而且进一步影响了劳动收入分配份额。最后，针对技术进步偏向空间扩散效应的地区差异，政府应该实施分类指导的技术创新策略，对于经济较为发达的东部地区，应重点加强自主创新的资金投入，进一步提高地区企业的自主创新能力；对于经济相对落后的中、西部地区，在适度扩大引进国内外先进技术力度的同时，应重点加强对引进技术吸收、改造的投入力度。

第六章 我国技术进步偏向对异质性劳动收入份额的影响研究

根据第四章和第五章的研究结论可知，技术进步偏向不仅受到要素价格扭曲影响，而且还受其自身空间扩散效应的影响。结合第三章的研究结论可知，正是由于以上两个方面因素的影响，我国技术进步正不断偏向资本要素，且其对劳动收入份额的变动产生较大的不利作用。在人们对人力资本进行大量投入的今天，个体的受教育程度、技能掌握情况和工作经验等存在较大差异，劳动力表现出明显的异质性特征，如果技术进步偏向不利于整体劳动收入份额，那么其对技能和非技能劳动收入份额的影响有何不同？这就是本章重点研究的问题。

在新古典经济学理论分析框架下，各种生产要素的收入份额长期保持稳定，这就是所谓的“卡尔多事实”（Kaldor，1961）。然而，许多学者发现，从1980年以来，劳动收入份额在很多发达国家出现持续下滑现象（Blanchard，1997；Krueger，1999；Harrison，2002；Bentolila & Saint-Paul，2003）；同时，国内许多学者发现20世纪90年代中期以后中国的劳动收入份额也出现下降的趋势（Bai et al.，2006；李稻葵，2009；白重恩，2009；罗长远，2009）。按照收入法GDP计算，我国劳动收入份额由1996年的53.4%一直下滑到2007年的最低水平39.7%，下降了13.7个百分点，下滑幅度达25.7%，虽然之后有所上升，但直到2017年一直在47%左右徘徊，而世界大多数国家（含发达国家和发展中国家）的劳动收入份额基本上处于55%—65%之间。后续许多文献一方面对劳动收入份额进行了测算，另一方面深入研究了劳动收入份额变动的原因，总体来说，现有文献主要从以下几个方面进行探讨：经济结构（李稻葵，2009；白重恩和钱震杰，2009；罗长远和张军，2009）、市场不完全竞争（白重恩和钱震杰，2008；Bentolila & Saint-Paul，2003；Blanchard & Giavazzi，2003；Berkowitz，2015；章上峰和陆雪琴，2016)、经济全球化（Harrison，2002；余淼杰和梁中华，2014)、税收制度（白重恩和钱震杰，2010)、地方政府竞争（邵敏和黄玖立，2010)、技术进步偏向（Acemoglu，2003，2010；黄先海和徐圣，2009；陈宇峰和贵斌威等，2013；王林辉和袁礼，2018)。随着对劳动收入份额的深入研究，基于技术进步偏向视角的研究日益引起许多学者的关注，这是因为从投入产出角度讲，要素分配结构主要取决于生产结构，而生产结构又与要素投入和技术进步有密切关系；同时，大量文献通过实证研究发现中国的技术进步明显偏向资本要素。虽然现有的许多文献研究发现我国劳动收入份额受到了技术进步偏向的不利影响，但是在人们对人力资本进行大量投入的今天，技术进步偏向对异质性劳动收入份额的影响有什么不同？也即其对技能和非技能劳动收入份额的影响是否存在差异？针对以上问题，本章在理论分析的基础上，通过动态面板数据模型和联立方程模型进行探索。

由于通常考虑的要素为资本与劳动，下面就以劳动收入份额相关研究为例梳理文献。现有研究文献对劳动收入份额的影响因素可归为三大类：第一类是经济结构因素，这类文献认为产业结构转型是劳动收入份额发生变动的主要原因。按照这类研究文献的观点，发展中国家农业部门的劳动收入份额在所有产业部门中最高，服务业部门次之，工业部门劳动收入份额最低，随着发展中国家的工业化，农业部门的大量劳动力会不断向劳动力稀缺的工业部门转移，由于劳动收入份额较高的农业部门规模不断减小，这使得经济体劳动收入份额减小。这类观点对发展中国家有较强的说服力，但是同时也存在两个明显的不足之处：首先，不少文献发现后发国家在经济起飞的过程中劳动收入份额恶化并不是普遍现象（李实等，1998；托马斯等，2001)；其次，发达国家显然已经跨过了经济转型阶段，产业结构比较稳定，劳动力跨产业流动显然没有发展中国家频繁，但许多文献研究证实一些发达国家的劳动收入份额从20世纪80年代也出现了不断下降的现象（Blanchard，1997；Harrison，2002)。第二类因素来源于市场结构（包括产品市场和要素市场)，这类文献认为，由于产品市场垄断，企业会产生垄断利润，而对于垄断利润的分成比例在劳资之间并不总是对等的，这主要看劳动者在劳资谈判中的谈判能力，而一般来说，劳动者在劳资谈判中处于相对劣势的地位（Blanchard & Giavazzi，2003；白重恩和钱震杰，2008；Stockhammer，2013；文雁兵和陆雪琴，2018）。另外，许多文献沿着这一思路引申出其他影响劳动收入份额变动的因素，如国际贸易（Harrison，2002；余淼杰和梁中华，2014）、国外资本流入（邵敏和黄玖立，2010；唐东波，2011）、政府招商竞争（罗长远和张军，2009；邵敏和黄玖立，2010；方文全，2011）、工会力量（Blanchard & Giavazzi，2003；魏下海，2013）、企业所得税税制（白重恩和钱震杰，2010）等可通过市场垄断或劳动者谈判地位的降低而使劳动收入份额下降。总体来说，本书认为关于市场垄断和劳动者谈判地位相对较弱的解释能力比较有限。首先，从欧盟的例子来看，欧洲一体化进程总体上来说是有利于产品和要素市场竞争的，欧盟国家的劳动收入份额不应该出现下滑趋势，然而，Harrison（2002）发现欧洲大陆国家的劳动收入份额在20世纪80年代后出现明显下降；其次，当前许多国家的劳动收入份额都呈现下降现象，尤其对于发达国家来说，劳动者的谈判地位并未出现明显的弱化趋势。正是出于以上原因，不少文献重点关注第三类因素，即技术进步偏向。这类观点的主要逻辑是技术进步偏向并非总是呈中性，当技术进步偏向资本时，就会出现劳动收入份额减少，这一观点也得到了大量文献的支持（黄先海和徐圣，2009；陈宇峰和贵斌威等，2013；王林辉和袁礼，2018）。

综观已有文献，可以发现技术进步偏向因素对劳动收入份额变动的解释能力相对较大，但是技术进步偏向对非技能劳动和技能劳动收入份额的影响是否相同？这一问题并没有被已有文献所关注。为与以上文献研究相呼应，本章首先从理论上系统地分析技术进步偏向对异质性劳动收入份额的差异化影响；其次，本章通过直接测算技术进步偏向指数来实证检验这一结论。本章对已有文献的贡献主要有两点：①在研究视角方面，传统研究视角都是从整体上对劳动收入份额进行研究，而本章从技能劳动和非技能劳动的视角分别考虑技术进步偏向对异质性劳动收入份额的影响，并且本章的研究发现技术进步偏向之所以不利于劳动收入份额的提高，主要是因为其不利于非技能劳动收入份额的提高，相反其对技能劳动收入份额有正向作用。②在政策启示方面，本章的研究结论表明技术进步偏向对技能劳动和非技能劳动收入份额存在差异化影响，而贫困人口往往是非技能劳动者，所以本章的结论对消除贫富两极分化有一定的政策指导意义。

第一节　技术进步偏向对异质性劳动收入份额的影响机理

假设代表性厂商投入资本K和劳动L进行生产，生产函数设为CES形式：

$$Y = \left[(1-\alpha)(NL)^{\frac{\sigma-1}{\sigma}} + \alpha(MK)^{\frac{\sigma-1}{\sigma}}\right]^{\frac{\sigma}{\sigma-1}} \tag{6.1}$$

式（6.1）中，M表示资本效率，N表示劳动效率，σ表示要素替代弹性，α为要素分配参数，且$0 < \alpha < 1$，其反映两种要素的相对重要性。在新古典经济学理论框架下，资本的边际产出和劳动的边际产出分别为式（6.2）和（6.3）：

$$MP_K = \alpha\left(\frac{Y}{K}\right)^{\frac{1}{\sigma}} M^{\frac{\sigma-1}{\sigma}} \tag{6.2}$$

$$MP_L = (1-\alpha)\left(\frac{Y}{L}\right)^{\frac{1}{\sigma}} N^{\frac{\sigma-1}{\sigma}} \tag{6.3}$$

按Hicks（1932）的定义，技术进步偏向分为三种情况：在资本劳动投入比（K/L）既定的情况下，技术进步发生之后，①若资本边际产出提高相对更多，那么此时称技术进步偏向资本；②若劳动边际产出提高相对更多，那么此时称技术进步偏向劳动；③若要素边际产出不发生相对改变，那么此时称技术进步为Hicks中性。根据Hicks的这一定义，对资本劳动边际产出比（MP_K/MP_L）进行全微分即可判断技术进步偏向特征，如式（6.4）所示：

$$\frac{\partial(MP_K/MP_L)}{\partial(M/N)} \cdot \frac{\mathrm{d}(M/N)}{\mathrm{d}t} = \frac{\alpha}{1-\alpha}\left(\frac{K}{L}\right)^{-\frac{1}{\sigma}} \cdot \frac{\mathrm{d}(M/N)^{\frac{\sigma-1}{\sigma}}}{\mathrm{d}t} \tag{6.4}$$

如果要素投入比不发生改变，技术进步发生后，当式（6.4）大于0时，表示该技术进步偏向资本；当式（6.4）小于0时，表示该技术进步偏向劳动；当式（6.4）等于0时，表示该技术进步呈现Hicks中性。

式（6.4）虽然可以展示技术进步偏向，但还不能量化其变化大小，为了量化分析技术进步偏向，本书参考戴天仕（2010）的方法定义技术进步偏向指数：

$$bias_t = \frac{1}{MP_K/MP_L} \cdot \frac{\partial(MP_K/MP_L)}{\partial(M_t/N_t)} \cdot \frac{\mathrm{d}(M_t/N_t)}{\mathrm{d}t} = \frac{\sigma - 1}{\sigma} \cdot \frac{N_t}{M_t} \cdot \frac{\mathrm{d}(M_t/N_t)}{\mathrm{d}t} \quad (6.5)$$

式（6.5）的含义表明，当式（6.5）大于0时，技术进步偏向资本；当式（6.5）小于0时，技术进步偏向劳动；当式（6.5）等于0时，该技术进步呈现Hicks中性。

要想分析劳动收入份额受技术进步偏向影响的程度，应首先分离出劳动收入份额变动中技术进步偏向的作用成分，这里采用劳动相对收入份额（RS_L）作为分析对象，劳动相对收入份额（RS_L）为：

$$RS_L = \frac{SH_L}{SH_K} = \frac{MP_L L}{MP_K K} = \frac{1 - \alpha}{\alpha}\left(\frac{M}{N}\right)^{-\frac{\sigma - 1}{\sigma}}\left(\frac{K}{L}\right)^{-\frac{\sigma - 1}{\sigma}} \quad (6.6)$$

式（6.6）中，SH_L和SH_K分别表示劳动收入份额和资本收入份额，RS_L表示劳动相对收入份额。由式（6.6）可知，劳动相对收入份额RS_L不仅与资本相对增进型技术进步（M/N）和资本密集度（K/L）相关，还与要素替代弹性σ相关。具体地，当$0 < \sigma < 1$时，资本与劳动总体上呈现互补关系，如果技术进步为净劳动增强型，那么其要素偏向特征为资本偏向，反之，其要素偏向特征为劳动偏向；当$\sigma > 1$时，资本与劳动总体上呈现替代关系，如果技术进步为净劳动增强型，那么其要素偏向特征为劳动偏向，反之，其要素偏向特征为资本偏向。

对（6.6）式关于时间t求导可得：

$$\frac{\mathrm{d}RS_L}{\mathrm{d}t} = -\varphi bias_t + \gamma \cdot \frac{\mathrm{d}(K_t/L_t)}{\mathrm{d}t} \quad (6.7)$$

式（6.7）中，定义参数$\varphi = \frac{1 - \alpha}{\alpha}\left(\frac{M}{N}\right)^{-\frac{\sigma - 1}{\sigma}}\left(\frac{K}{L}\right)^{-\frac{\sigma - 1}{\sigma}}$，$\gamma = -\frac{1 - \alpha}{\alpha}\frac{\sigma - 1}{\sigma}\left(\frac{M}{N}\right)^{-\frac{\sigma - 1}{\sigma}}\left(\frac{K}{L}\right)^{-\frac{\sigma - 1}{\sigma} - 1}$，显然$\varphi > 0$，但$\gamma$的大小不确定，因此，技术进步偏向对劳动相对收入份额的变动产生负向影响。从而可以得出如下结论：

结论1：在假设生产函数为CES形式的情况下，劳动相对收入份额的变化主要受技术进步偏向和要素投入比变动的影响，而且劳动相对收入份额受技术进步偏向的负向影响，受要素投入比变动的影响方向由要素替代弹性决定。

根据上文的理论分析可以看到，技术进步偏向不利于整体劳动收入份额的提高，然而，在人们对人力资本进行大量投入的今天，个体的受教育程度、技能掌握情况和工作经验等存在较大差异，劳动力表现出明显的异质性特征，技术进步偏向对技能和非技能劳动收入份额的影响又有什么不同？为了分析问题的方便，这里将劳动投入（L）分为两类，即技能劳动（L^s）和非技能劳动（L^n），且假设生产函数为双层嵌套的CES生产函数形式：

$$Y = \left[(1-\alpha)(NL^n)^{\frac{\sigma-1}{\sigma}} + \alpha(MX)^{\frac{\sigma-1}{\sigma}}\right]^{\frac{\sigma}{\sigma-1}},$$

$$X = \left[(1-\eta)L^{s\frac{\varepsilon-1}{\varepsilon}} + \eta K^{\frac{\varepsilon-1}{\varepsilon}}\right]^{\frac{\varepsilon}{\varepsilon-1}} \tag{6.8}$$

式（6.8）中，ε为技能劳动与资本的替代弹性，σ为非技能劳动与资本的替代弹性，根据资本技能互补假说（Griliches，1969），资本要素与不同类型劳动要素的关系有所不同，在生产过程中，资本要素可以替代非技能劳动，而资本要素必须与技能劳动配合使用。为分析问题的方便，这里简单地假设资本与非技能劳动互相替代（$\sigma > 1$），而资本与技能劳动互补（$\varepsilon < 1$），这里的经济学意义是机器设备等物质资本需要与技能劳动有效组合才能更好地实现产品生产，而且随着科技的发展，机器设备等物质资本对技能劳动的互补性要求更高，而对非技能劳动的替代能力也越强。根据包括异质性劳动投入的生产函数可以得到两种类型劳动收入份额与资本收入份额的比值分别为式（6.9）和式（6.10）：

$$\frac{SH_{L^s}}{SH_K} = \frac{w^s L^s}{rK} = \frac{1-\eta}{\eta}\left(\frac{L^s}{K}\right)^{\frac{\varepsilon-1}{\varepsilon}} \tag{6.9}$$

$$\frac{SH_{L^n}}{SH_K} = \frac{w^n L^n}{rK} = \frac{1-\alpha}{\alpha}\frac{1}{\eta}\left(\frac{M}{N}\right)^{-\frac{\sigma-1}{\sigma}}\left(\frac{L^n}{X}\right)^{\frac{\sigma-1}{\sigma}}\left(\frac{K}{X}\right)^{-\frac{\varepsilon-1}{\varepsilon}} \tag{6.10}$$

由式（6.9）知SH_{L^s}/SH_K并不受技术进步偏向的影响，究其原因主要是技能劳动与资本互补，企业在更多利用资本的同时，也更多地产生了对技能劳动的需求，这表明如果技术进步偏向对资本收入份额有正向作用，那么其对技能劳动收入份额也会产生正向作用。由式（6.10）知，在资本与非技能劳动呈现替代关系（$\sigma > 1$）成立的条件下，技术进步偏向对 SH_{L^n}/SH_K 的影响为负向。结合（6.9）式和（6.10）式可知，技术进步偏向对非技能劳动收入份额有负向作用，但对技能劳动收入份额有正向作用。其原因可能是企业在选择资本偏向型技术的同时，其更多地使用资本和技能劳动（资本与技能劳动互补），更少地使用非技能劳动（资本与非技能劳动替代），并提高了技能劳动工资溢价。据此，可得出如下结论：

结论2：根据资本技能互补假说，资本与技能劳动互补，而与非技能劳动为替代关系，在这种情况下，技术进步偏向对技能劳动收入份额产生正向作用，而对非技能劳动收入份额产生负向作用。

第二节　研究方法与计量模型构建

一、研究方法

本节接下来通过实证模型验证上述理论分析所得出的结论，然而在实证分析时，很难准确区分技能劳动收入和非技能劳动收入，为此，本节采用间接验证的方法。将劳动收入份额进行如下分解：

$$\begin{aligned}\frac{wL}{wL+rK} &= \frac{w^sL^s+w^nL^n}{wL+rK} = \frac{w^nL^n}{wL+rK}\cdot\frac{w^sL^s+w^nL^n}{w^nL^n}\\ &= \left(\frac{w^s}{w^n}\cdot\frac{L^s}{L^n}+1\right)\cdot\frac{w^nL^n}{wL+rK}\end{aligned} \tag{6.11}$$

式（6.11）中的 w^s 和 w^n 分别表示技能劳动工资和非技能劳动工资，式（6.11）表明劳动收入份额的变动与三个部分的变动有关：第一部分技能劳动工资溢价（w^s/w^n）、第二部分技能劳动相对需求（L^s/L^n）、第三部分非技能劳动收入份额［$w^nL^n/(wL+rK)$］。那么，这三个部分受技术进步偏向的影响又是怎样的呢？

对于第一部分 w^s/w^n，技术进步偏向对其影响可以利用上文所构建的双层嵌套CES生产函数模型式（6.8）进行分析，根据式（6.8）容易得到：

$$\frac{w^s}{w^n} = (1-\eta)\frac{\alpha}{1-\alpha}\left(\frac{M}{N}\right)^{\frac{\sigma-1}{\sigma}}\left(\frac{X}{L^n}\right)^{-\frac{1}{\sigma}}\left(\frac{X}{L^s}\right)^{\frac{1}{\varepsilon}} \tag{6.12}$$

根据式（6.12）可知，在资本与非技能劳动呈现替代关系（$\sigma > 1$）成立的条件下，技术进步偏向对技能劳动工资溢价 w^s/w^n 有正向影响。

对于第二部分 L^s/L^n，考虑其受技术进步偏向的影响，如果技术进步偏向资本要素，那么资本的边际产出相对增大，企业一方面更多地使用资本以替代非技能劳动，另一方面在资本技能互补假说成立的条件下，为了让资本与技能劳动通过有效组合来安排生产，企业在更多使用资本的同时也更多地使用技能劳动。因此，技术进步偏向会通过资本的中介作用提高对技能劳动的相对需求（L^s/L^n）。

对于第三部分 $w^nL^n/(wL+rK)$，该数据在操作上无法直接获取，这主要是因为在省际数据上界定技能劳动与非技能劳动存在很大困难。尽管如此，我们只要发现实证数据支持技术进步偏向对技能劳动工资溢价（w^s/w^n）和技能劳动相对需求（L^s/L^n）有正向影响即可。

因此，在对式（6.11）分析的基础上研究技术进步偏向对技能和非技能劳动收入份额的影响具体由两个步骤组成：

第一步，通过动态面板计量经济模型验证技术进步偏向对整体劳动收入份额影响为负向（检验结论 1）；

第二步，通过联立方程组模型验证技术进步偏向对技能劳动工资溢价和技能劳动相对需求的影响为正向（检验结论 2）。

二、计量模型构建与数据说明

（1）模型构建。

第一步，对结论 1 进行实证检验，本书根据式（6.7）构建计量模型式（6.13）：

$$\begin{aligned}\ln shl_t = {} & \alpha_0 + \alpha_1 \ln shl_{t-1} + \alpha_2 bias_t + \alpha_3 \ln(k/l)_t + \alpha_4 \ln trade_t + \\ & \alpha_5 \ln rgdp_t + \alpha_6 \ln gov_t + \varepsilon_t\end{aligned} \tag{6.13}$$

计量模型式（6.13）为动态面板回归模型，除了核心解释变量外，参考已有文献的研究成果，引入了其他控制变量：劳动收入份额的一阶滞后项（shl_{t-1}）、人均资本存量（k/l）、进出口总额（$trade$）、人均 GDP（$rgdp$）、政府支出（*gov*）。根据前文的结论1，预期技术进步偏向（*bias*）的回归系数 α_2 为负数。

第二步，对结论2进行检验，本书构建如下联立方程组（6.14）和（6.15）进行实证分析：

$$\ln w^s/w^n = \beta_0 + \beta_1 \ln l^s/l^n + \beta_2 \ln humi + \beta_3 \ln trade + \beta_4 bias + u \quad (6.14)$$

$$\ln l^s/l^n = \gamma_0 + \gamma_1 \ln w^s/w^n + \gamma_2 \ln humi + \gamma_3 \ln trade + \gamma_4 \ln k/l + \gamma_5 bias * \ln k/l + v \quad (6.15)$$

之所以构建联立方程组，主要考虑到技能劳动工资溢价与技能劳动相对需求之间可能存在联立关系，因为根据供求定理，技能劳动工资溢价与技能劳动相对需求是由劳动市场的供给与需求相互作用决定的。

联立方程模型中各变量的含义为：在方程（6.14）中，w^s/w^n 表示技能劳动工资溢价，l^s/l^n 表示技能劳动相对需求，*bias* 表示技术进步偏向指数，*humi* 表示人力资本投资，*trade* 表示进出口总额。在方程（6.15）中，l^s/l^n 表示技能劳动相对需求，w^s/w^n 表示技能劳动工资溢价，*humi* 表示人力资本投资，*trade* 表示进出口总额，k/l 表示人均资本存量，交叉项（$bias * \ln k/l$），按照结论2，技术进步偏向会通过资本的中介作用提高对技能劳动的相对需求，所以在方程（6.15）中引入交叉项 $bias * \ln k/l$。

（2）数据说明。

本章实证模型所用数据为1996—2016年省际面板数据。其中：①劳动收入份额（*shl*）根据收入法GDP测算得到。②技术进步偏向指数（*bias*），该指数的构建方法及计算步骤与第三章相同，相关参数的估计也通过三方程标准化供给面系统方法得到，具体操作过程见第三章相关内容的介绍。③人均资本存量（k/l），参考多数文献的方法采用永续盘存法测算，其公式是 $K_t = I_t + (1 - \delta)K_{t-1}$，$K_t$ 为期初资本存量，K_{t+1} 为期末资本存量，也就是下期期初资本存量，δ 为资本折旧率，且将1996年作为基期，对于基期资本存量的核算方法利用Hall和Jones（1999）提出的公式 $K_0 = I_0/(g + \delta)$，其中 I_0 为1996年固定资本形成总额，g 为1996—2016年地区固定资产投资平均增长率，δ 为折旧率。另外，在核算过程中，本书用固定资产价格指数将固定资产投资转化为实际值；对于劳动，采用年末全社会从业人员数表示。

④进出口总额（*trade*），用各省进出口总额与GDP的比表示。⑤政府支出（*gov*），用政府一般财政支出与GDP的比表示。⑥人均GDP（*rgdp*）直接从中经网数据库获得。⑦人力资本投资（*humi*），参考邓明（2014）的做法用各省教育经费与当年公共财政支出之比表示。⑧技能劳动工资溢价（w^s/w^n），现有研究文献主要是使用代理变量表示，宋冬林等（2010）认为专业技术人员在制造业中人数比重最高，而在农林牧渔业中比重最低，其采用制造业与农业职工平均工资之比表示技能劳动工资溢价，这里也参考宋冬林等（2010）的方法，采用这一代理变量表示技能劳动工资溢价。另外，为了检验结论的稳健性，本书还采用全部职工与农业职工的平均工资之比作为另一个代理变量进行稳健性检验。⑨技能劳动相对需求（l^s/l^n），该数据的困难在于怎样划分技能劳动和非技能劳动，已有文献主要有两种划分方式，一种是根据受教育年限来划分（如Griliches，1969），二是根据职业划分（Berndt，1974），这两种划分都存在划分界线的确定问题。由于按职业划分在省际数据方面存在操作上的困难，这里参考Griliches（1969）的划分方法，将人口按教育年限划分为技能劳动与非技能劳动。同时，为了检验结论的稳健性，本书分别以小学学历、初中学历、高中学历、大学学历为界线划分技能劳动与非技能劳动。

以上所有变量原始数据的来源除了第三章所述的资料之外，还有中经网数据库。样本时间跨度为1996—2016年，除变量技术进步偏向指数（*bias*）外，其余变量均取对数进入计量模型。表6.1为各主要变量的统计特征。

表6.1　主要变量的统计特征

变量	含义	最小值	最大值	平均值	中位数	标准差
ln*shl*	劳动收入份额对数	−1.1566	−0.2509	−0.7426	−0.7415	0.1428
ln*k/l*	人均资本存量对数	−0.7460	3.9534	1.7100	1.7422	0.9880
ln*trade*	进出口总额对数	−3.4534	0.5432	−1.7867	−2.0793	1.0005
ln*rgdp*	人均GDP对数	7.6246	11.4212	9.5086	9.5071	0.7915
ln*gov*	政府支出对数	−2.9653	0.3215	−1.7776	−1.8341	0.5391

注：作者根据收集的数据用Stata软件测算得到。

第三节 技术进步偏向对整体劳动收入份额影响的回归分析

一、基准模型的回归结果

为了对第一个结论进行检验，本书利用计量模型（6.13）进行回归分析，在模型中引入了被解释变量的一阶滞后项，构建动态面板模型，其优势在于一方面考虑了经济现象的动态性和连续性特征，另一方面能将模型的潜在影响因素分离出来，减少使用静态面板模型带来的偏差，从而使得估计结果更可靠。在对计量模型式（6.13）进行参数估计的过程中，有可能会出现如下两个问题：第一个问题，由于在计量模型式（6.13）中引入了被解释变量的一阶滞后项，这使得模型出现了内生性问题，如果仍然使用普通OLS估计，这时估计结果有偏差且不一致；第二个问题，由于本书使用的是面板数据，这使得模型有可能存在无法观测到的地区固定效应和时间固定效应，如果仍然使用普通OLS估计，此时估计结果也可能有偏差且不一致。很显然，计量模型式（6.13）是一个动态面板数据模型，为了处理该模型在参数估计过程中存在的以上两个问题，这里采用系统GMM法进行参数估计，系统GMM估计方法是将水平方程和差分方程结合起来组成一个方程系统进行参数估计的方法。具体来说，假定动态面板数据计量模型的形式为式（6.16）：

$$y_{it} = \alpha y_{it-1} + \beta' x_{it} + \lambda_i + \varepsilon_{it} \tag{6.16}$$

式（6.16）即水平方程，其中y_{it}为被解释变量，y_{it-1}为被解释变量的一阶滞后，x_{it}为解释变量，λ_i为不可观测到的地区固定效应，ε_{it}为随机扰动项，α和β为待估参数。对式（6.16）进行差分即可得到式（6.17）：

$$y_{it} - y_{it-1} = \alpha(y_{it-1} - y_{it-2}) + \beta'(x_{it} - x_{it-1}) + (\varepsilon_{it} - \varepsilon_{it-1}) \tag{6.17}$$

式（6.17）即差分方程，其中消去了不可观测到的地区固定效应，但随之出现的问题是$y_{it-1} - y_{it-2}$与$\varepsilon_{it} - \varepsilon_{it-1}$有可能存在相关性，这就需要用工具变量来处理。系统GMM法同时估计水平方程和差分方程，且分别用内生变量的差分项和滞后项作为水平变量和差分变量的工具变量，这种系统估计方法能够明显提高参数估计的效率。

对于系统GMM估计法中工具变量有效性的检验，一般使用Sargan检验或Hansen检验，且如果检验统计量不拒绝原假设H_0，这说明工具变量有效；对于序列相关性的检验，一般利用AR（1）和AR（2）检验，且若AR（1）统计显著但AR（2）统计不显著，那么无序列相关，这说明系统GMM估计有效。

在估计方法上，本书正是采用系统GMM方法，该估计方法可以不减少样本容量，而且能较好地处理解释变量的内生性问题，具体估计结果见表6.2。表6.2中回归结果（1）—（4）为全样本回归结果。在估计过程中，本书采用逐步引入变量的方式观察解释变量回归系数的变化趋势。结果显示，在逐步引入过程中，各解释变量回归系数大小与显著性变化极小，这证明模型在实证上具有较强的稳定性。

以回归结果（4）为基准对各解释变量进行考察，①技术进步偏向指数（*bias*）的回归系数为-0.1244，统计显著，这表明技术进步偏向对劳动收入份额存在显著的负面影响，与前文理论分析一致，也即技术进步偏向对我国劳动收入份额产生显著的不利影响。②人均资本存量对数（ln*k*/*l*）的回归系数为 -0.0459，但并不显著。③进出口总额对数（ln*trade*）的回归系数为-0.0486，较为显著，这表明进出口总额对劳动收入份额存在负向影响。这可能是因为对外贸易本身反映的是不同经济体的比较优势，中国货物贸易规模增长迅速，尤其是近20多年来中国持续贸易顺差（1996年为122.2亿美元，2000年为241.1亿美元，2015年5939亿美元），这表明我国商品具有较强的低成本优势，这种低成本优势主要来自我国较低的劳动价格，虽然外向型经济吸纳了大量劳动力，但由于较低的劳动价格，所以劳动收入份额提高并不明显，从而进出口总额（*trade*）的回归系数表现为负数。④人均GDP对数（ln*rgdp*）回归系数为0.0782，这可能是因为在样本期内，随着中国经济快速发展，经济服务化趋势明显，劳动收入份额较高的服务业吸纳了大量劳动力，从而导致经济发展水平对劳动收入份额产生正向作用。⑤劳动收入份额一阶滞后项对数（$\ln shl_{t-1}$）的回归系数为0.7651，统计显著，这表明劳动收入份额存在一定惯性，同时也反映了要想改变劳动收入份额的变化趋势，需要一个长期过程。⑥政府支出对数（ln*gov*）回归系数为0.0214，并不显著。

另外，考虑到中国统计部门对劳动报酬的统计口径在2004年发生过重大调整，本书去掉2003年之前的样本，利用2004—2016年期间样本做回归分析，回归结果见表6.2中回归结果（5）。从回归结果看，核心解释变量技术进步偏向指数（*bias*）的回归系数变化很小，这说明统计口径调整对本书实证模型影响不大。

表6.2　基准模型的回归结果

变量	回归结果				
	(1)	(2)	(3)	(4)	(5)
$\ln shl_{t-1}$	0.8245*** (0.0525)	0.7579*** (0.0523)	0.7637*** (0.0557)	0.7651*** (0.0561)	0.5084*** (0.0962)
bias	-0.1317** (0.0590)	-0.1233** (0.0566)	-0.1254** (0.0575)	-0.1244** (0.0602)	-0.1903*** (0.0519)
$\ln k/l$	0.0041 (0.0032)	0.0068 (0.0044)	-0.0533 (0.0549)	-0.0459 (0.0573)	-0.1768*** (0.0583)
$\ln trade$		-0.0411** (0.0183)	-0.0443** (0.0178)	-0.0486** (0.0207)	-0.0449** (0.0114)
$\ln rgdp$			0.0784 (0.0740)	0.0782 (0.0745)	0.2297*** (0.0762)
$\ln gov$				0.0214 (0.0220)	0.1124*** (0.0421)
AR(1)-P	0.0071	0.0082	0.0052	0.0060	0.0052
AR(2)-P	0.6749	0.6784	0.6136	0.6617	0.9427
Sargan-P	0.9979	0.9978	0.9969	0.9977	0.9980

注：作者根据Stata软件回归结果整理（括号中数字为稳健标准误，本章以下同）。

二、稳健性分析的回归结果

在基准回归模型中，被解释变量劳动收入份额（*shl*）的计算方法是直接将劳动者报酬比收入法GDP，没有排除生产税净额，而是将生产税净额作为资本收入。生产税净额虽然直接来自企业收入，但其并不完全是资本收入部分，为了比较不同核算方法对基准回归模型的影响，将生产税净额从收入法GDP中扣除，重新计算劳动收入份额，为了不与上文劳动收入份额（*shl*）混淆，这里的劳动收入份额记为*shltx*，重新考查各解释变量对劳动收入份额（*shltx*）的影响，结果见表6.3所示。表6.3中回归结果（1）—（4）为全样本回归结果，回归结果（5）对应的样本区间为2004—2016年。以表6.3中回归结果（4）为例，①技术进步偏向指数（*bias*）的回归系数为-0.1170，统计显著，这表明技术进步偏向对劳动收入份额存在显著的负面影响，与前文实证结果一致。②人均资本存量对数（ln*k*/*l*）的回归系数为-0.1100，但统计不显著。③进出口总额对数（ln*trade*）的回归系数为-0.0626，统计显著，与前文实证结果一致，这表明进出口总额对劳动收入份额存在负向影响。④人均GDP对数（ln*rgdp*）回归系数为0.1707，统计显著，这说明经济发展水平对劳动收入份额产生正向作用。⑤劳动收入份额一阶滞后项对数（$\ln shl_{t-1}$）的回归系数为0.7099，统计显著，这表明劳动收入份额存在一定惯性，同时也反映了要想改变劳动收入份额的变化趋势需要一个长期过程，与前文实证结果一致。⑥政府支出对数（ln*gov*）的回归系数为-0.0392，统计不显著。将表6.3的回归结果与表6.2的回归结果相比，各解释变量回归系数的大小只出现微小的变化，这进一步表明本书所用实证模型是十分稳健的。

表6.3　稳健性分析的回归结果

变量	回归结果				
	（1）	（2）	（3）	（4）	（5）
$\ln shl_{t-1}$	0.7698*** （0.0437）	0.7142*** （0.0541）	0.7042*** （0.0641）	0.7099** （0.0872）	0.5825*** （0.1320）
bias	−0.1266** （0.0569）	−0.1202** （0.0530）	−0.1207*** （0.0473）	−0.1170** （0.0534）	−0.2057*** （0.0736）
ln *k*/*l*	0.0037 （0.0049）	0.0069* （0.0039）	−0.1389** （0.0596）	−0.1100 （0.0770）	−0.0525 （0.0593）
ln *trade*		−0.0399*** （0.0142）	−0.0590*** （0.0226）	−0.0626*** （0.0247）	−0.0419*** （0.0167）

续 表

变量	回归结果				
	(1)	(2)	(3)	(4)	(5)
ln *rgdp*			0.1932** (0.0839)	0.1707* (0.0984)	0.0725 (0.0803)
ln *gov*				−0.0392 (0.0382)	0.0677*** (0.0240)
AR(1)−P	0.0084	0.0093	0.0056	0.0061	0.0078
AR(2)−P	0.4171	0.4191	0.3259	0.3280	0.5542
Sargan−P	0.9969	0.9973	0.9970	0.9970	0.9975

注：作者根据Stata软件回归结果整理。

第四节　技术进步偏向对异质性劳动收入份额影响的实证分析

一、联立方程模型的回归结果

为了对第二个结论进行检验，本书采用联立方程组（6.14）（6.15）进行实证检验。联立方程组的估计方法采用三阶段最小二乘法（3SLS），估计结果如表6.4所示。表6.4中回归结果（1）—（4）的上半部分对应方程（6.14），其因变量为技能劳动工资溢价（$\ln w^s/w^n$），下半部分对应方程（6.15），其因变量为技能劳动相对需求（$\ln l^s/l^n$），这里分别以小学学历、初中学历、高中学历、大学学历为界线划分技能劳动与非技能劳动。

对于方程（6.14）的回归结果（1）—（4），①技术进步偏向指数（*bias*）的回归系数都显著为正，且受技能劳动与非技能劳动划分界线影响较小，这表明技术进步偏向对技能劳动工资溢价有显著的正向效应，与前文理论分析一致。②进出口总额对数（ln*trade*）的回归系数都为正数，这表明贸易对提高技能劳动工资溢价有正向影响，这与中国改革开放40年来的事实是一致的。③人力资本投资对数（ln*humi*）的回归系数都为正，这说明人力资本投资对工资溢价有正向影响，这表明通过教育投资方式可以显著地提高普通劳动者的技能水平和工资水平。

对于方程（6.15）的回归结果（1）—（4），①人均资本存量对数（lnk/l）的回归系数都显著为正，而且不论技能劳动的划分界线标准如何，该回归系数都很稳定，这表明资本深化对技能劳动需求有显著的正向影响，同时也证明了资本与技能劳动具有互补性。②交叉项（$bias$* ln k/l）的回归系数存在明显的变化趋势，当技能劳动与非技能劳动的划分界线分别为小学学历、初中学历、高中学历、大学学历时，回归系数由负数转为正数，而且显著性逐渐增强，这表明技术进步偏向确实通过资本的中介作用提高了对技能劳动的相对需求；同时以高中学历为技能劳动与非技能劳动的划分界限时，资本与技能劳动互补性较为显著。另外，交叉项回归系数的变化趋势也显示资本与异质性技能劳动的互补性呈现出一种分层现象，这表明随着经济深入发展，资本对不同层次的技能劳动提出了差异化要求。

结合联立方程组（6.14）（6.15）的回归结果可知，技术进步偏向一方面提高了技能劳动工资溢价（以表6.4回归结果（4）为例，技能劳动工资溢价（lnw^s/w^n）对技术进步偏向指数（$bias$）的回归系数为0.0299），另一方面其通过资本的中介作用提高了企业对技能劳动的相对需求（以表6.4回归结果（4）为例，技能劳动相对需求（lnl^s/l^n）对交叉项（$bias$* ln k/l）的回归系数为1.5556），也就是说技术进步偏向指数（$bias$）不仅有利于提高技能劳动工资溢价（lnw^s/w^n），而且有利于提高技能劳动相对需求（lnl^s/l^n），故最终可知技术进步偏向有利于技能劳动收入份额而恶化了非技能劳动收入份额。

表6.4　技术进步偏向对异质性劳动收入份额的影响结果

因变量	自变量	回归结果			
		（1）	（2）	（3）	（4）
ln w^s/w^n	ln l^s/l^n	0.0799*** （0.0192）	0.1072*** （0.0257）	0.0991*** （0.0236）	0.0937*** （0.0222）
	ln $humi$	0.0719*** （0.01516）	0.0718*** （0.0151）	0.0713*** （0.0155）	0.0702*** （0.0170）
	ln $trade$	0.0354*** （0.0056）	0.0356*** （0.0059）	0.0358*** （0.0063）	0.0358*** （0.0061）

续　表

因变量	自变量	回归结果			
		（1）	（2）	（3）	（4）
$\ln w^s/w^n$	*bias*	0.0295* （0.0165）	0.0298* （0.0164）	0.0300* （0.0164）	0.0299* （0.0164）
$\ln l^s/l^n$	$\ln w^s/w^n$	0.0989 （0.4616）	0.0663 （0.4012）	0.9613*** （0.3870）	0.9160** （0.4766）
	$\ln humi$	−2.1067* （1.0815）	1.0114** （0.4976）	3.1320*** （0.8169）	3.7125*** （1.0532）
	$\ln trade$	−1.7480*** （0.5828）	−0.0137 （0.2642）	1.2900*** （0.4368）	1.6866*** （0.5615）
	$\ln k/l$	0.8398*** （0.1103）	0.6331*** （0.0372）	0.4629*** （0.0828）	0.6247*** （0.1078）
	$bias*\ln k/l$	−1.4109** （0.6424）	0.1004 （0.2468）	1.1938** （0.4878）	1.5556*** （0.6357）

注：作者根据Stata软件回归结果整理。

二、稳健性分析的回归结果

为了检验结论的稳健性，本书采用所有行业职工平均工资与农林牧渔业职工平均工资之比表示技能劳动工资溢价作为对照进行稳健性检验。仍然分别以小学学历、初中学历、高中学历、大学学历为界线划分技能劳动人口与非技能劳动人口，实证结果如表6.5所示。表6.5的回归结果（1）—（4）上半部分仍然是对应方程（6.14），其被解释变量为技能劳动工资溢价（$\ln w^s/w^n$），下半部分仍然是对应方程（6.15），其被解释变量为技能劳动相对需求（$\ln l^s/l^n$）。与表6.4的回归结果相比，核心解释变量回归系数的大小只出现微小的变化，而显著性几乎没有发生改变。以表6.5的回归结果（4）为例，技能劳动工资溢价（$\ln w^s/w^n$）对技术进步偏向指数（*bias*）的回归系数为0.0320，技能劳动相对需求（$\ln l^s/l^n$）对交叉项（$bias*\ln k/l$）的回归系数为0.2929。这进一步表明，尽管变换了被解释变量技能劳动工资溢价，实证结果仍然说明技术进步偏向确实一方面提高了技能劳动工资溢价，另一方面其通过资本的中介作用提高了企业对技能劳动的相对需求，故最终可知技术进步偏向有利于技能劳动收入份额的提高，而不利于非技能劳动收入份额的提高，该结论是十分稳健的。

表 6.5　技术进步偏向对异质性劳动收入份额影响的稳健性分析结果

因变量	自变量	回归结果			
		(1)	(2)	(3)	(4)
$\ln w^s/w^n$	$\ln l^s/l^n$	0.0465*** (0.0156)	0.0623*** (0.0209)	0.0572*** (0.0193)	0.0540*** (0.0183)
	$\ln humi$	0.0479 (0.0324)	0.0498 (0.0332)	0.07111** (0.0350)	0.1086*** (0.0386)
	$\ln trade$	−0.0141 (0.0121)	−0.0194 (0.0131)	−0.0240 (0.0142)	−0.0210 (0.0139)
	$bias$	0.0418* (0.0253)	0.0271* (0.0159)	0.0289* (0.0169)	0.0320* (0.0173)
$\ln l^s/l^n$	$\ln w^s/w^n$	0.1903 (0.5938)	0.1538 (0.5170)	1.2910** (0.5268)	1.2500** (0.6453)
	$\ln humi$	0.6618*** (0.1568)	1.0558*** (0.1415)	1.1179*** (0.1655)	1.0176*** (0.1954)
	$\ln trade$	−0.0328 (0.0317)	−0.0459 (0.0279)	−0.0452 (0.0345)	−0.0931** (0.0411)
	$\ln k/l$	0.5089*** (0.0644)	0.6701*** (0.0583)	0.7656*** (0.0676)	1.025*** (0.0797)
	$bias*\ln k/l$	−0.1464* (0.0876)	0.1037 (0.0755)	0.2487*** (0.0972)	0.2929*** (0.1161)

注：作者根据Stata软件回归结果整理得到。

小　结

关于劳动收入份额变动趋势，学者们从不同角度给出了各种解释，多数学者认为技术进步偏向对劳动收入份额变动有重要影响，但关于技术进步偏向对异质性劳动收入份额的影响已有文献涉及并不多。针对已有文献研究的不足，本书就技术进步偏向对异质性劳动收入份额影响的作用机制提供了一个新的研究视角，具体来说，本书首先通过理论分析证明技术进步偏向对整体劳动收入份额存在负向影响，但其对技能劳动收入份额与非技能劳动收入份额存在相反的影响。然后本书通过构建动态面板模型并利用1996—2016年省际面板数据对以上观点进行了实证分析，得出三个主要结论：①劳动收入份额的变化主要受技术进步偏向和要素投入变动的影响，其中，技术进步偏向对其存在显著的负向影响。②技术进步偏向最终主要不利于非技能劳动收入份额的提高，但其对技能劳动收入份额有正向作用，产生这种非对称性影响的原因在于随着技术进步偏向资本，资本的边际产出相对增大，企业一方面更多地使用资本以替代非技能劳动（K与L^n互相替代），另一方面为了让资本与技能劳动通过有效组合来安排生产，企业在更多使用资本的同时也更多地使用技能劳动（K与L^s互补），同时企业提高了技能劳动工资溢价，从而技术进步偏向对技能劳动与非技能劳动收入份额产生非对称性影响。③资本与异质性技能劳动的互补性呈现出一种分层现象，这表明随着经济深入发展，资本对不同层次的技能劳动提出了差异化要求。

针对本章的研究结论可以得出如下三点启示：①由于技术进步偏向对劳动收入份额产生负向影响的原因在于劳动效率比资本效率进步更快，在资本与劳动整体呈现互补（$\sigma < 1$）的条件下，技术进步偏向资本，所以政府应合理引导企业采用提高资本效率的技术，激励企业增加对劳动要素的需求，进而改善劳动收入份额。②虽然现阶段技术进步偏向对整体劳动收入份额存在负向作用，但是其对技能劳动和非技能劳动收入份额存在差异化影响，所以政府应通过适当的政策措施对广大非技能劳动者进行相应的技能培训，使普通劳动向技能劳动有序转变，这有利于提高劳动收入份额。而且，随着我国工业化的进一步发展，技术升级速度与设备更新换代速度进一步加快，新发展阶段的企业将对技能劳动的要求进一步提高，故通过技能培训提高劳动者技能也有利于提高企业与技能劳动的匹配度。③鉴于资本与异质性技能劳动的互补性呈现一种分层现象，随着经济发展阶段不断升级，异质性技能劳动在经济发展中的作用将更加凸显，政府和社会对异质性技能劳动的投入将更加重视，异质性技能劳动的培训也对现代职业技能教育培训体系提出了更加多元化的要求。

第七章　我国技术进步偏向对劳动收入份额影响的空间溢出效应及其区域差异研究

根据第四章和第五章的研究结论可知，技术进步偏向不但受要素价格扭曲的影响，而且还受其自身空间扩散效应的影响，因此其对劳动收入份额的影响效应就不仅仅局限于本地区，而极有可能对邻近地区也产生一定的空间溢出效应，有鉴于此，本章重点研究其对劳动收入份额影响的空间溢出效应及其区域差异。

改革开放以来，中国经济取得了举世瞩目的成绩，尤其近20年来年均经济增长速度更是达到约9%的态势。然而中国经济高速增长的同时也存在就业增长缓慢、内需不足、贫富差距拉大、经济结构噬待优化等现实问题。在这些问题中，收入分配失衡越来越成为影响中国经济稳定增长和社会稳定的重要问题。例如，从改革开放到2016年，人均GDP从381元上升到53980元，但同时我国的基尼系数也由1978年的0.317上升到2016年的0.465。而初次分配又是国民收入二次分配的基础，因此，初次分配中劳动收入份额不断下降引起了很多学者的关注。总体上，从1996年以来，我国劳动收入份额呈现如下典型特征：第一，劳动收入份额在一定程度上呈现持续下滑趋势，按照收入法GDP计算，我国劳动收入份额由1996年的53.4%一直下滑到2007年的最低水平39.7%；第二，劳动收入份额长期处于低水平徘徊，尽管从2007年到2017年劳动收入份额有所上升，但也只有约47%的水平，而世界大多数国家的劳动收入份额基本处于55%—65%之间，很显然我国的数值总体上偏低；第三，我国劳动收入份额呈现明显的区域差异，经济欠发达省份的劳动收入份额相对较高，而经济发达的省份劳动收入份额相对较低。（见图7.1）

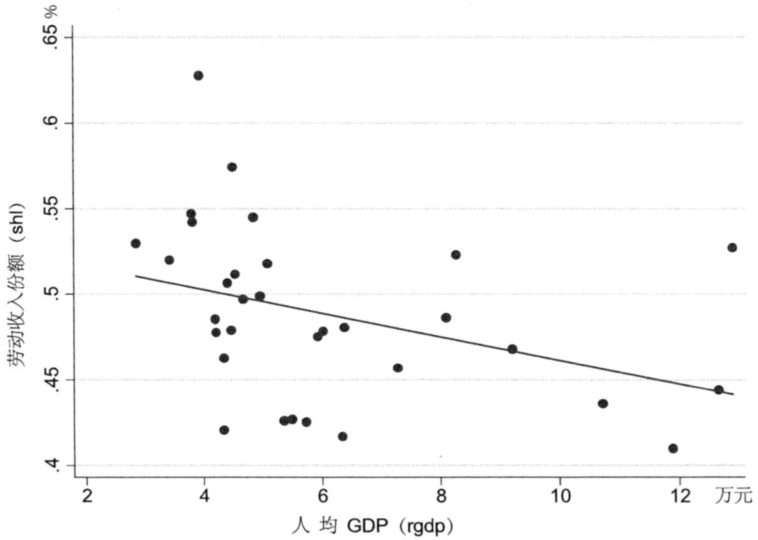

图 7.1　2017 年各省劳动收入份额与人均 GDP

劳动收入份额偏低对收入差距扩大有重要影响，这是因为对绝大多数人来说，其收入来源主要是劳动，所以初次分配会直接影响个体收入差距；另外，初次分配问题也会直接影响社会总消费，从而对新常态阶段扩大内需与挖掘经济增长新动力有重大影响。要想有效改善劳动收入份额，前提是找出其主要影响因素与影响机制，而随着研究的深入，技术进步偏向的影响日益引起已有文献的关注。这是因为，一方面，从投入产出的角度讲，要素收入分配结构与生产投入密切相关，生产投入又涉及要素投入结构及与之相匹配的生产技术，而技术进步偏向性的存在表明技术进步对不同生产要素技术效率的提高程度是非对称的；另一方面，随着经济发展速度加快，资本与技术结合越来越紧密，资本积累及技术进步迅速提高，这势必影响资本报酬率与劳动报酬率，从而极有可能对劳动收入份额产生负向作用。然而已有文献很少关注到劳动收入份额在发达程度不同地区的差异，更没有研究文献从技术进步偏向角度去分析劳动收入份额的区域差异特征，有鉴于此，本章运用经济地理学理论以及空间计量经济实证方法重点研究技术进步偏向对劳动收入份额影响的空间溢出效应及其区域差异，试图为理解我国劳动收入份额所呈现的区域差异提供理论与实证根据。

本章尝试在已有文献研究的基础上从两个方面进行拓展，第一，在研究视角上，本章拟从技术进步偏向空间扩散视角研究其对我国劳动收入份额影响的空间溢出效应，并揭示劳动收入份额空间差异形成的原因。第二，在研究方法上，本章运用空间杜宾模型（SDM），充分考虑变量的空间相依关系，并分别从总效应、直接效应、间接效应分析我国劳动收入份额受技术进步偏向影响的大小。

第一节　技术进步偏向对劳动收入份额影响的空间溢出效应分析

本章所考虑的技术进步偏向主要是指资本偏向或劳动偏向，为简化本章所要分析的问题，假设存在两种要素资本（K）和劳动（L），且生产函数为CES形式：

$$Y = \left[(1-\alpha)(NL)^{\frac{\sigma-1}{\sigma}} + \alpha(MK)^{\frac{\sigma-1}{\sigma}}\right]^{\frac{\sigma}{\sigma-1}} \tag{7.1}$$

其中，M代表资本效率，N代表劳动效率，σ为要素替代弹性，α为资本密集度，且$0 < \alpha < 1$。若市场完全竞争，则容易得到资本的边际产出（MP_K）与劳动的边际产出（MP_L）。由于技术进步对不同要素生产效率的提升作用并非完全相同，故技术会偏向某种要素。参考戴天仕等（2010）对技术进步偏向指数（$bias$）的定义：

$$bias_t = \frac{1}{MP_K/MP_L} \cdot \frac{\partial(MP_K/MP_L)}{\partial(M_t/N_t)} \cdot \frac{\mathrm{d}(M_t/N_t)}{\mathrm{d}t} = \frac{\sigma-1}{\sigma} \cdot \frac{N_t}{M_t} \cdot \frac{\mathrm{d}(M_t/N_t)}{\mathrm{d}t} \tag{7.2}$$

式（7.2）的含义表明，当$bias > 0$时，说明技术进步偏向资本，当$bias < 0$时，说明技术进步偏向劳动。

要想分析劳动收入份额受到的影响，应首先求出其表达公式，根据CES生产函数、资本的边际产出（MP_K）和劳动的边际产出（MP_L）即可求出劳动收入份额（SH_L）和资本收入份额（SH_K）。通常情况下，分析劳动相对收入份额（RS_L）的变化比较直观，劳动相对收入份额由劳动收入份额比资本收入份额得到，其表达式为式（7.3）：

$$RS_L = \frac{SH_L}{SH_K} = \frac{MP_L L}{MP_K K} = \frac{1-\alpha}{\alpha}\left(\frac{M}{N}\right)^{-\frac{\sigma-1}{\sigma}}\left(\frac{K}{L}\right)^{-\frac{\sigma-1}{\sigma}} \tag{7.3}$$

关于（7.3）式对时间t求导即可得到式（7.4）：

$$\frac{dRS_L}{dt} = -\varphi bias_t + \gamma \cdot \frac{d(K_t/L_t)}{dt} \tag{7.4}$$

式（7.4）中，定义参数$\varphi = \frac{1-\alpha}{\alpha}\left(\frac{M}{N}\right)^{-\frac{\sigma-1}{\sigma}}\left(\frac{K}{L}\right)^{-\frac{\sigma-1}{\sigma}}$，$\gamma = -\frac{1-\alpha}{\alpha}\frac{\sigma-1}{\sigma}\left(\frac{M}{N}\right)^{-\frac{\sigma-1}{\sigma}}\left(\frac{K}{L}\right)^{-\frac{\sigma-1}{\sigma}-1}$。显然$\varphi > 0$，但$\gamma$的方向与$\sigma$的大小有关，当$\sigma > 1$时，$\gamma < 0$；当$\sigma < 1$时，$\gamma > 0$。故技术进步偏向对劳动相对收入份额的变动有直接的负向影响效应。

以上分析的情况并未考虑不同经济体之间存在技术进步偏向的空间扩散和要素流动的实际情况，如果考虑到不同经济体之间存在技术进步偏向的空间扩散和技能劳动的跨区域流动，技术进步偏向对劳动收入份额的空间溢出效应就很有可能发生。在经济体完全封闭的情况下，技术的方向内生于经济体自身的要素禀赋，因为按照诱致性技术变迁理论，对于劳动相对丰裕的地区往往容易衍生出劳动偏向型技术，而对于资本相对丰裕的地区往往容易衍生出资本偏向型技术。然而，在实际情况下，不同的经济体之间技术扩散是正常的事实。不同地区的技术扩散本质都是要素增强型技术的空间扩散（潘文卿和吴天颖等，2017），而在技术空间扩散的过程中，技术并不一定会以相同的速率提高每种要素的生产效率，如果技术能够从发达地区向欠发达地区进行空间传递，那么技术的要素偏向特性也会随着其空间扩散而产生扩散现象。所以，除了经济体自身内部的要素禀赋外，技术进步偏向空间扩散也会对相邻地区技术进步偏向产生一定的影响。目前，中国不同地区的经济发展水平和技术创新水平存在较大差距，为了实现技术追赶，欠发达地区会以相对低的成本引进发达地区的先进技术，尤其是欠发达地区在海外技术引进能力以及自主研发能力都不高的情况下这种情况更是比较普遍。所以考虑到技术进步偏向的空间扩散特征后，其对劳动收入份额的影响便不仅仅限于本地区，而是对邻近地区也可能产生一定的影响。

除了技术进步偏向自身的空间扩散因素外，技术进步偏向还会使得技能劳动从欠发达地区向发达地区流动，通过这一渠道，其对劳动收入份额也能产生一定的空间外溢影响。根据资本技能互补假说（Griliches，1969），资本与技能劳动的互补性更强，这是因为，从经济学意义上讲，先进的资本设备只有配备高素质的技能劳动才能更高效地发挥作用，而且随着科技进步速度的加快，生产过程对技能劳动要求更高。同时，经济较为发达的地区资本要素相对丰裕，其技术也往往偏向资本，资本的边际产出提高相对较大，企业会更多地使用资本。由于资本与技能劳动互补，企业也会提高对技能劳动的需求，这意味着技术进步偏向会诱发本地区及邻近地区劳动力结构的改变。更具体地说，越是发达地区，经济发展水平越高，高技能劳动力由于受高收入的吸引，更容易形成技能劳动流入地区；而落后地区则容易成为技能劳动的流出地区。于是，在经济发达程度不同的地区，由于存在技能劳动的空间流动，不同地区技能劳动与非技能劳动比例相差较大。由于企业通常支付给技能劳动者更高的工资，而支付给非技能劳动者更低的工资，所以从理论上说，一个地区的技能劳动在劳动总量中的占比越高，地区劳动收入份额就会越高。因此，技术进步偏向不仅可直接影响本地区劳动力结构和劳动收入份额，而且可对邻近地区劳动力结构和劳动收入份额产生空间外溢影响。

通过以上关于技术进步偏向对劳动收入份额影响的空间溢出效应分析可知，其对劳动收入份额的影响很有可能不仅仅限于本地区，而对邻近地区也存在一定的影响，这对深入理解我国劳动收入份额呈现空间差异现象具有重要意义。而要想量化分析经济变量技术进步偏向的空间溢出效应，采用空间计量经济模型分析具有较大优势，下文将运用空间计量经济模型对以上观点进行实证检验。

第二节　空间计量模型构建与变量选择

一、空间计量模型

通过上文的理论分析可知，不能只考虑劳动收入份额受技术进步偏向的直接影响，还应该考虑其可能受技术进步偏向的空间溢出效应的影响。为了量化分析这种空间溢出效应，考虑变量的空间依赖关系就显得很有必要，而空间计量模型在分析变量间的空间依赖关系时是比较合适的。通常情况下，空间计量模型有三种模式，当扰动项存在显著的空间依赖关系时，构建空间误差模型比较合适（Spatial Error Model，SEM），而当被解释变量存在显著的空间依赖关系时，构建空间自回归模型比较合适（Spatial Autoregressive Model，SAR），如果不仅存在扰动项的空间依赖，而且还存在变量的空间滞后，这时运用空间杜宾模型（Spatial Durbin Model，SDM）较为合适。三类空间计量模型形式如下：

SAR模型：

$$Y_{it} = \alpha_0 + \rho WY_{it} + \sum_{j=1}^{n}\alpha_j X_{ijt} + \varepsilon_{it}，\ \varepsilon_{it} \sim N(0,\ \sigma^2 I) \tag{7.5}$$

式（7.5）中，Y和X分别表示被解释变量和解释变量，下角标i和t分别表示观测单元和观测时期，截距项为α_0，ρ表示空间滞后项的回归系数，W表示空间权重矩阵，扰动项ε服从正态分布。

SEM模型：

$$Y_{it} = \alpha_0 + \sum_{j=1}^{n}\alpha_j X_{ijt} + \varepsilon_{it}；\ \varepsilon_{it} = \lambda W\varepsilon_{it} + u_{it}，\ u_{it} \sim N(0,\ \sigma^2 I) \tag{7.6}$$

由于SEM模型扰动项存在显著的空间依赖关系，故式（7.6）中λ表示扰动项空间滞后回归系数，随机误差u服从正态分布，其他各符号与式（7.5）含义基本相同。

SDM模型：

$$Y_{it} = \alpha_0 + \sum_{j=1}^{n}\alpha_j X_{ijt} + \rho WY_{it} + \theta WX_{it} + \varepsilon_{it}，\ \varepsilon_{it} \sim N(0,\ \sigma^2 I) \tag{7.7}$$

由于SDM模型同时存在空间滞后和空间误差，故式（7.7）中ρ和θ分别表示被解释变量和解释变量空间滞后项的回归系数，其他各符号与式（7.5）含义基本相同。

二、变量选择与数据说明

因变量：劳动收入份额（*shl*）。劳动收入份额的计算主要是根据收入法GDP。收入法GDP由四部分组成。通常来说，劳动报酬作为劳动回报，而生产税净额的处理则存在几种情况：部分文献将其直接当做资本回报；也有文献将其从GDP中消去来计算收入份额；另外，还有部分文献将其在劳动回报和资本回报之间分摊。为了防止不同核算方法给实证结果带来不同的影响，本书分别采用两种方法核算，第一种方法是将生产税净额从收入法GDP中扣除，由此得到的劳动收入份额记为shl_1，第二种方法是将生产税净额直接算作资本回报，由此得到的劳动收入份额记为shl_2。

核心解释变量：技术进步偏向指数（*bias*）。该指数的构建方法及计算步骤与第三章相同，相关参数的估计也通过三方程标准化供给面系统法得到，具体操作过程见第三章相关内容的介绍。

其他控制变量。参考已有文献研究，除了考虑技术进步偏向指数（*bias*）的影响外，本章还引入其他几个控制变量：人均资本存量（*k/l*）、人均GDP（*rgdp*）、政府支出（*gov*）、进出口总额（*trade*）、产业结构（*str*）。本章实证模型所用数据为1996—2017年省际面板数据。其中：①人均资本存量（*k/l*），用资本存量除以就业人数得到，而资本的估计参考张军（2004）的方法核算，公式为$K_t = I_t + (1 - \delta)K_{t-1}$，$K_t$为期初资本存量，$K_{t+1}$为期末资本存量，也就是下期期初资本存量，$\delta$为资本折旧率，基期资本存量参照Hall等（1999）的公式$K_0 = I_0/(g + \delta)$，I_0表示基期投资，g为样本期固定资产投资平均增长率，δ为折旧率，另外本章利用固定资产价格指数将历年固定资产投资换算成实际值，就业人数为全社会从业人员总数；②人均GDP（*rgdp*）数据来源于中经网数据库；③政府支出（*gov*）用政府财政支出与GDP之比表示；④进出口总额（*trade*）用各省进出口总额与GDP之比表示；⑤产业结构（*str*）用第三产业产值与GDP之比表示。以上所有变量原始数据的来源除了第三章所述的资料之外，还有中经网数据库。样本时间跨度为1996—2017年，表7.1为各主要变量的统计特征。

表7.1 主要变量的统计特征

变量	含义	平均值	中位数	最小值	最大值	标准差
$\ln shl_1$	劳动收入份额1对数	−0.5874	−0.5835	−1.005	−0.2321	0.1320
$\ln shl_2$	劳动收入份额2对数	−0.7417	−0.7396	−1.1566	−0.2509	0.1459
bias	技术进步偏向	0.0190	0.0132	−1.1000	2.9720	0.2016
$\ln k/l$	人均资本存量对数	1.7791	1.8154	−0.7273	4.0240	1.0015
$\ln rgdp$	人均GDP对数	9.5544	9.5645	7.6246	11.4870	0.8063

续　表

变量	含义	平均值	中位数	最小值	最大值	标准差
ln*gov*	政府支出对数	−1.7623	−1.8093	−2.9755	0.3215	0.5417
ln*trade*	进出口总额对数	−1.7961	−2.0844	−4.0824	0.5432	0.9935
ln*str*	产业结构对数	−0.8961	−0.9137	−1.3626	−0.2157	0.1843

注：作者根据收集数据测算得到。

第三节　实证结果与分析

一、空间相关性检验

在运用空间计量模型之前，首先要检验样本数据是否存在空间相关关系。如果变量的空间依赖关系检验发现结果比较显著，那么就可以使用空间计量模型，否则，使用一般的计量模型即可。一般情况下，利用Moran（1950）提出的Moran's I指数（如下式所示）判断数据的空间相依关系。

$$\text{Moran's I} = \frac{\sum_{i=1}^{n}\sum_{j=1}^{n} W_{ij}\left(Y_i - \bar{Y}\right)\left(Y_j - \bar{Y}\right)}{S^2 \sum_{i=1}^{n}\sum_{j=1}^{n} W_{ij}} \tag{7.8}$$

式（7.8）中，Y_i和Y_j表示地区i和地区j的劳动收入份额观测值，S^2表示样本方差，公式如式（7.9）所示；$\bar{Y}$表示样本均值，公式如式（7.10）所示；W表示空间权重矩阵，且为$n \times n$型对称矩阵，其形式如式（7.11）所示，W_{ij}是矩阵W中的元素。

$$S^2 = \frac{1}{n}\sum_{i=1}^{n}\left(Y_i - \bar{Y}\right)^2 \tag{7.9}$$

$$\bar{Y} = \frac{1}{n}\sum_{i=1}^{n} Y_i \tag{7.10}$$

$$W = \begin{bmatrix} W_{11} & W_{12} & \cdots & W_{1n} \\ W_{21} & W_{22} & \cdots & W_{2n} \\ \vdots & \vdots & \ddots & \vdots \\ W_{n1} & W_{n2} & \cdots & W_{nn} \end{bmatrix} \tag{7.11}$$

由上文可知，在研究空间相关关系时引入了空间权重矩阵，这正是空间计量经济模型与普通计量经济模型的不同之处，空间权重矩阵表示不同研究单元i与j之间的空间位置关系，其用数值对研究单元i与j之间的空间位置信息进行量化，通常可以根据研究目的的不同来构建空间权重矩阵，比较有代表性的有三种：

第一种是空间邻接权重矩阵或0-1权重矩阵（W_c），该类型空间权重矩阵元素分布规律为：若两地相邻，则为1；若两地不相邻，则为0。其表达式如式（7.12）所示：

$$W_{ij}=\begin{cases}0, & \text{若研究单元}i\text{与}j\text{不相邻}\\ 1, & \text{若研究单元}i\text{与}j\text{相邻}\end{cases} \tag{7.12}$$

第二种是空间地理距离权重矩阵（W_d），这类空间权重矩阵又有几种不同形式，通常以两地区中心距离的倒数作为其元素，其含义是指研究单元越接近，权重越大，反之，权重越小。其表达式如式（7.13）所示：

$$W_{ij}=\begin{cases}\dfrac{1}{d_{ij}}, & i\neq j\\ 0, & i=j\end{cases} \tag{7.13}$$

第三种是空间经济距离权重矩阵（W_e），其形式如式（7.14）所示，这种空间权重矩阵元素的规律是：以研究单元经济发展水平差距的倒数作为其元素，其含义是研究单元经济发展水平越接近，权重越大，反之，权重越小。其表达式如式（7.14）所示：

$$W_{ij}=\begin{cases}0, & i=j\\ \dfrac{1}{\left|\bar{Y}_i-\bar{Y}_j\right|}, & i\neq j\end{cases} \tag{7.14}$$

Moran's I指数的范围为［-1，1］，当该指数大于0，即Moran's I > 0时，说明经济变量劳动收入份额在空间上呈现正相关关系，且该指数越接近1，空间正相关关系越强；当该指数小于0，即Moran's I < 0时，说明经济变量劳动收入份额在空间上呈现负相关关系，且该指数越接近-1，空间负相关关系越强；若该指数为0，则说明经济变量劳动收入份额无空间自相关。

根据Moran's I指数公式（7.8），即可求得1996—2017年我国劳动收入份额的Moran's I指数，结果如表7.2所示。由表7.2可知，在绝大多数年份，我国劳动收入份额的Moran's I指数都较为显著，且呈现空间上的正相关关系，这说明在样本期内我国劳动收入份额存在显著的空间相依性。

表7.2　我国各省劳动收入份额的Moran's I指数

年份	Moran's I	Z值	年份	Moran's I	Z值
1996年	0.2120 **	1.9856	2007年	0.4007 ***	3.5005
1997年	0.2280 **	2.1151	2008年	0.2850 **	2.5673
1998年	0.2846 ***	2.5949	2009年	0.2023 *	1.9039
1999年	0.2838 ***	2.5875	2010年	0.1332	1.3427
2000年	0.2135 **	2.0142	2011年	0.2303 **	2.1381
2001年	0.1988 *	1.8802	2012年	0.1778 *	1.7056
2002年	0.2459 **	2.2524	2013年	0.1578	1.5476
2003年	0.2348 **	2.1686	2014年	0.1255	1.2863
2004年	0.2858 **	2.5769	2015年	0.1849 *	1.7389
2005年	0.1616	1.5912	2016年	0.2189 **	2.0386
2006年	0.2305 **	2.1337	2017年	0.2497 **	2.2858

注：作者根据Matlab软件回归结果整理。

以上Moran's I指数为全局Moran's I指数，其主要分析的是全部研究单元的空间相关关系，也就是说全局Moran's I指数主要是从整体上分析空间观测数据是否存在空间相关，其不能细化个别空间观测数据的局部空间集聚属性及集聚状态。而局部Moran's I指数可以描述个别空间观测数据的局部空间集聚属性及集聚状态。通常采用局部Moran's I散点图直观描述空间观测数据的局部空间集聚属性及集聚状态。在局部Moran's I散点图中，坐标轴将整个空间划分为四个象限，若空间观测数据在四个象限的分布比较均匀，这说明空间观测数据的空间相关性不明显；若空间观测数据在四个象限的分布呈现一定的集聚性，这说明空间观测数据存在明显的空间相关性。在散点图中，第一象限表示的是高值集聚分布（HH），第二象限表示的是低值—高值集聚分布（LH），第三象限表示的是低值集聚分布（LL），第四象限表示的是高值—低值集聚分布（HL）。

由于我国经济发展极不平衡，劳动收入份额存在明显的区域差异，极有可能出现全局自相关不明显，但局部空间自相关却存在很大差异的现象，为了更直观地展示劳动收入份额的局部相关模式，本书截取了2017年劳动收入份额的样本数据，绘制了2017年劳动收入份额的局部Moran's I散点图，具体结果如图7.2所示。在局部Moran's I散点图7.2中，横轴是标准化以后的研究单元的属性值，纵轴是标准化以后的空间滞后值，由2017年我国劳动收入份额的局部Moran's I散点图可知，劳动收入份额在四个象限的分布并不是均匀的，这表明观测值明显存在空间相关关系，高值集聚分布（HH）、低值集聚分布（LL）的分布状态较为明显。

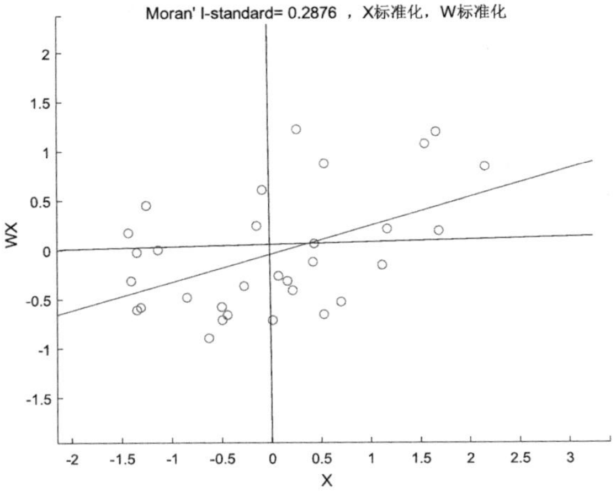

图7.2　我国劳动收入份额的局部Moran's I散点图（2017年）

二、空间计量模型识别

根据Elhorst（2010）对于空间自回归（SAR）模型、空间误差模型（SEM）和空间杜宾模型（SDM）的识别方法，若检验结果表明模型同时存在空间误差滞后及被解释变量空间滞后，使用空间杜宾模型（SDM）比较合适。按照Elhorst（2010）的研究，先使用传统OLS估计方法对面板模型进行估计，并考虑其在无固定效应、空间固定效应、时间固定效应及双向固定效应情况下的估计结果，如表7.3所示。从LM检验结果看，LMLag、R-LMLag、LMerror、R-LMerror显著性较高，这表明本书的数据同时拒绝无空间滞后及空间误差的原假设。因此，应选择空间杜宾模型（SDM）作为本书的实证研究模型。

表 7.3 传统面板模型估计结果

变量	无固定效应	空间固定	时间固定	双向固定
LMLag	131.5609 ***	169.1623 ***	1.4482	2.7312 *
R-LMLag	6.3292 ***	22.7511 ***	13.3949 ***	0.1328
LMerror	137.1152 ***	146.8693 ***	0.9541	3.2573 *
R-LMerror	11.8835 ***	8.4581 ***	12.9008 ***	1.2589

注：作者根据Matlab软件回归结果整理得到，LMLag原假设为被解释变量无空间滞后效应；R-LMLag表示稳健的LM检验，原假设为被解释变量无空间滞后效应；LMerror原假设为扰动项无空间滞后效应；R-LMerror表示稳健的LM检验，原假设为扰动项无空间滞后效应。

三、空间杜宾模型（SDM）回归结果与内生性讨论

由于观测单位存在显著的空间依赖关系，直接使用OLS估计会造成结果有偏或不一致。对空间计量模型常用估计方法是极大似然法（ML）、工具变量法（IV）、贝叶斯方法等，然而极大似然法或贝叶斯估计并未考虑变量的内生性问题。通常情况下，劳动收入份额偏低不但会直接导致社会总需求无法与总供给匹配，而且会影响全社会的总消费和总储蓄，总储蓄又会以投资方式进入再生产过程，低消费、高储蓄、高投资的恶性循环极有可能提高现有经济环境下资本与劳动的相对比例，并衍生出与密集资本相匹配的资本偏向型技术进步，所以劳动收入份额的变化有可能会对技术进步偏向产生一定的反向作用。考虑到劳动收入份额与技术进步偏向可能存在双向因果关系，技术进步偏向就有可能存在内生性问题。工具变量法（IV）是解决变量内生性问题比较有效的方法，然而选择合适的工具变量是实际操作中比较困难的事情。对于本章的研究内容来说，技术进步偏向一阶滞后项是比较理想的工具变量，这是因为：一是技术进步偏向往往具有一定的惯性，所以当期值与一阶滞后值有较强的相关性；二是技术进步偏向一阶滞后值往往不能由当期收入份额决定。以上分析表明，以技术进步偏向一阶滞后项为工具变量比较符合工具变量外生性条件和相关性条件。在假设技术进步偏向一阶滞后项为工具变量有效的条件下，本书首先就技术进步偏向的内生性进行检验，使用的是DWH检验，之所以没有选择豪斯

曼检验主要是考虑到在异方差情形中，最小二乘法并不是最有效率的，故传统的豪斯曼检验并不适用于异方差的情形，而采用DWH检验（Durbin-Wu-Hausman test）在异方差情况下仍然适用，而且更为稳健。DWH检验显示P值小于0.05，故拒绝技术进步偏向外生性的原假设。随后，本书对解释变量存在内生性进行处理，并在解决内生性问题的基础上评估技术进步偏向对劳动收入份额的直接影响效应和空间溢出效应。具体地说，本书采用工具变量法（IV）进行估计，工具变量采用技术进步偏向一阶滞后项，使用的空间权重矩阵为空间邻接矩阵（*Wc*），回归结果见表7.4。另外，本书还给出了工具变量法第一阶段回归的结果，由第一阶段回归结果知，本书所选的工具变量与内生变量有较强的相关关系，F值远大于10，这可以说明本书所选择的工具变量不存在弱工具变量问题。

由表7.4回归结果知，被解释变量的空间滞后项（*dep.var*）回归系数为0.4460，且显著性较高，这说明本地劳动收入份额对邻地劳动收入份额存在显著的空间溢出效应。技术进步偏向指数（*bias*）直接影响回归系数为-0.0481，空间溢出影响回归系数为-0.0611，且二者都较为显著，这说明其不仅对本地劳动收入份额存在负向影响，而且对邻地劳动收入份额也存在负向影响。这主要是因为，在目前阶段，中国不同地区的经济发展水平和技术创新水平存在较大差距，为了实现技术追赶，欠发达地区会以相对低的成本引进发达地区的先进技术，尤其是欠发达地区在海外技术引进能力以及自主研发能力都不高的情况下这种情况更是比较普遍。而在技术空间扩散的过程中，技术的要素偏向特征也会随着其空间扩散而产生扩散现象，考虑到技术进步偏向的空间扩散特征后，其对劳动收入份额的负向影响便不仅仅限于本地区，而是对邻近地区也能产生一定的负向影响。除了技术进步偏向自身的空间扩散因素外，技术进步偏向还会使得技能劳动从欠发达地区向发达地区流动，通过这一渠道，其对劳动收入份额也能产生一定的负向空间外溢影响。具体地说，越是发达地区，经济发展水平越高，其资本要素比较丰裕，技术进步往往偏向资本要素，在资本与技能互补的前提下，这些发达地区对技能劳动的需求也会增大，而技能劳动力受高收入的吸引也会流入发达地区，这使得发达地区更容易形成技能劳动流入地区，而落后地区则容易成为技能劳动的流出地区。由于企业通常支付给技能劳动者更高的工资，而支付给非技能劳动者更低的工资，所以从理论上说，一个地区的技能劳动在劳动总量中的占比越高，地区劳动收入份额就会越高。因此，技术进步偏向会对邻近地区劳动收入份额产生负向空间外溢影响。

对于其他控制变量：①人均资本存量对数（ln*k*/*l*）直接影响回归系数为-0.0251，空间溢出回归系数为-0.1095，这说明当前阶段各地区有使用资本替代劳动的偏好，从而挤占了劳动收入份额。②人均GDP对数（ln*rgdp*）直接影响回归系数为-0.1159，这可能与现阶段我国大多数地区正在进行工业化有关，随着经济水平的不断提高，农业部门与工业部门此消彼长，而劳动收入份额在工业部门比较小，在农业部门比较大，因而工业化过程将导致劳动收入份额有所减少。人均GDP对数（ln*rgdp*）空间溢出回归系数为0.2223，这表明邻地经济发展水平有利于本地区劳动收入份额的提高。③政府支出对数（ln*gov*）直接影响回归系数为0.0197，空间溢出回归系数为0.0682，这说明政府支出提高对改善劳动收入份额有重要意义。④产业结构对数（ln*str*）直接影响回归系数为0.1389，空间溢出回归系数为0.0368，这可能与我国经济服务化发展趋势有关，劳动收入份额较高的服务业在经济发展过程中吸纳了大量劳动力，这也说明了进一步调整产业结构、加快产业结构升级对改善劳动收入份额意义重大。⑤进出口总额对数（ln*trade*）直接影响回归系数为-0.0417，空间溢出回归系数为0.0922，但都不显著。

表7.4 空间杜宾模型的工具变量法估计结果

权重矩阵	变量	回归系数		空间效应分解			统计量
		β	ρ或θ	直接效应	间接效应	总效应	
空间邻接矩阵	*bias*	-0.0481*** (-2.6041)	-0.0611** (-2.1158)	-0.0583*** (-3.0348)	-0.1406*** (-2.9753)	-0.1989*** (-3.6856)	R^2=0.5277
	ln *k*/*l*	-0.0251 (-1.4775)	-0.1095*** (-3.2135)	-0.0393** (-2.2534)	-0.1998*** (-3.4266)	-0.2392*** (-3.6369)	
	ln *rgdp*	-0.1159*** (-4.6388)	0.2223*** (5.2613)	-0.0963*** (-3.8180)	0.2834*** (3.9939)	0.1870** (2.3453)	
	ln *str*	0.1389*** (4.4448)	0.0368 (0.7314)	0.1504*** (4.8796)	0.1683** (2.0956)	0.3186*** (3.5948)	

续　表

权重矩阵	变量	回归系数		空间效应分解			统计量
		β	ρ或θ	直接效应	间接效应	总效应	
空间邻接矩阵	ln*gov*	0.0197 (1.3232)	0.0682 *** (3.4180)	0.0286 ** (1.9616)	0.1286 *** (4.4969)	0.1572 *** (5.0075)	
	ln*trade*	−0.0417 (−0.5544)	−0.0922 (−0.8705)	−0.0052 (−0.7008)	−0.0184 (−1.1195)	−0.0236 (−1.4535)	
	dep.var		0.4460 *** (10.9550)				
第一阶段回归结果							
IV 回归系数 = 0.1316							
F = 37.13							
P = 0.0000							

注：作者根据Matlab软件回归结果整理得到，括号中的数为t值（本章以下同）。

由于存在空间依赖关系，空间计量模型的回归系数并不能直接量化直接影响效应和间接影响效应的大小，Lesage等（2009）开创性地提出直接效应、间接效应和总效应的概念，使其成为空间计量模型量化分析的标准模式，其中某一解释变量的直接效应可量化其对本地劳动收入份额影响的平均效应，某一解释变量的间接效应可量化其对邻地劳动收入份额影响的平均效应，而总效应可量化解释变量对本地和邻地劳动收入份额的总效应。本书按照Lesage等（2009）的分解方法进行分解，具体结果见表7.4。其中，技术进步偏向指数（*bias*）和人均资本存量对数（ln*k*/*l*）的直接影响效应、间接影响效应及总效应都为负，这说明这两个变量对本地区及邻近地区的劳动收入份额都存在负向影响；政府支出对数（ln*gov*）和产业结构对数（ln*str*）直接影响效应、间接影响效应及总效应都为正，这说明这两个变量对本地区及邻近地区的劳动收入份额都存在正向影响；人均GDP对数（ln*rgdp*）直接影响效应为负，间接影响效应为正，但总效应为正；进出口总额对数（ln*trade*）直接影响效应、间接影响效应及总效应都不显著。另外，通过将空间邻接矩阵（W_c）替换为地理距离矩阵（W_d）进行稳健性检验，结果显示，并没有实质性差异。

四、按地区分组的回归分析

由于我国幅员辽阔，地区经济发展水平极不平衡，不同地区劳动收入份额差异十分显著，中、东部地区经济发展水平较高，但劳动收入份额较低；西部地区经济发展水平较低，劳动收入份额却较高（见图7.1）。为了进一步分析劳动收入份额空间差异性，本书将我国大陆地区31个省、直辖市按空间分布上的差异分为东、中、西三部分，应用空间杜宾模型（SDM）分析技术进步偏向对我国劳动收入份额影响的空间差异，回归结果见表7.5。由表7.5可知，技术进步偏向对东、中、西部不同地区影响的差异较为显著，具体来说：

（1）从直接效应来看，东、中、西部地区的负向效应分别为-0.1346、-0.1067、-0.0487，空间效应分解结果都十分显著，东、中部地区较大，西部地区较小（绝对值）。这可能是由于东部地区经济发展水平较高，工业化程度处于中后期，技术水平处于全国前列，许多发达城市与世界前沿技术水平接近；而中部地区现阶段在国家崛起战略及东部地区加快产业转移的背景下，对东部沿海地区经济追赶成效显著。尽管东、中部地区非技能劳动很容易得到满足，但是由于对技能劳动需求层次较高，现有的技能劳动很难与先进的资本设备相匹配，这些地区技术进步偏向在提高资本收入占比的同时，对技能劳动收入份额提高的比例较小，故这些地区技术进步偏向对劳动收入份额的直接负向影响较大。相反，西部地区经济发展水平相对落后，许多地区主要还是承接发达省份淘汰的产业，所以其技术水平整体上低于东、中部地区，西部地区对技能劳动需求层次相对较低，其对技能劳动的需求比较容易得到满足，技术进步偏向在提高资本收入占比的同时，对技能劳动收入占比提高的比例较大，因此，西部地区技术进步偏向对劳动收入份额的直接负向影响较小。

（2）从间接效应来看，东、中、西部地区的负向效应分别为-0.0157、-0.1005、-0.0556，东部地区的空间效应分解结果不显著，东部地区较小，中、西部地区较大（绝对值）。这是由于技术进步偏向对劳动收入份额的空间溢出效应主要是通过技能劳动跨区域流动和技术进步偏向的空间扩散来实现，一方面，东部地区经济发展水平较高，技能劳动外流较少，不仅如此，每年还会有大量技能劳动从中、西部地区流入经济较为发达的东部地区，因而东部地区技能劳动收入份额会有所提高，这使得技术进步偏向对东部地区的负向间接影响效应较小；另一方面，东部地区技术水平远远高于中、西部地区，对周围地区容易产生技术扩散和经济辐射作用，而经济欠发达的中、西部地区对东部地区的反向技术扩散作用较弱，从而导致技术进步偏向对东部地区的间接影响效应较小。

（3）从总效应来看，东、中、西部地区的负向效应分别为−0.1503、−0.2072、−0.1044，空间效应分解结果都十分显著，东、中部地区较大，西部地区较小（绝对值）。这与我国目前劳动收入分布的实际情况比较相符，相对较为发达的东、中部地区劳动收入份额较低，而欠发达的西部地区较高。究其原因，对于东、中部地区来说，其经济发展水平相对较高，基本处于工业化中后期，资本要素往往比较丰裕，技术进步偏向资本，在资本与技能劳动互补、资本与非技能劳动替代的情况下，东、中部地区现有的技能劳动难以满足其经济发展的需求，这些地区技术进步偏向在提高资本收入份额的同时，其对技能劳动收入份额提高的比例较小，从而对整体劳动收入份额的负向影响较大；另外，技术进步偏向还对这些地区的劳动收入份额产生一定的负向空间外溢影响，故技术进步偏向对东、中部地区劳动收入份额的负向作用总体上较大。对于西部地区来说，经济发展水平相对较低，基本处于工业化初期，虽然其技术进步也偏向资本，但其现有的技能劳动很容易满足经济发展的需求，故这些地区技术进步偏向在提高资本收入份额的同时，对技能劳动收入份额提高的比例较大，从而对整体劳动收入份额的负向影响较小；另外，技术进步偏向还对这些地区的劳动收入份额产生较小的负向空间外溢影响，故技术进步偏向对西部地区劳动收入份额的负向影响总体上较小。

表7.5 按地区分组的空间效应分解

变量		东部		中部		西部	
		系数	t值	系数	t值	系数	t值
直接效应	*bias*	−0.1346 ***	−4.2140	−0.1067 ***	−3.2019	−0.0487 ***	−2.8016
	ln *k/l*	−0.1340 ***	−2.5939	0.2532 ***	4.7949	−0.1096 ***	−2.8363
	ln *rgdp*	−0.1451	−1.6282	−0.3050 *	−1.9309	−0.0560	−0.9374
	ln *str*	0.0850	1.1362	−0.0029	−0.0339	−0.0102	−0.1952
	ln *gov*	0.2506 ***	5.3174	0.5371 ***	5.2664	−0.0330	−0.7302
	ln *trade*	−0.0868 ***	−4.0580	−0.0611 ***	−2.7451	−0.0337 ***	−2.6023
间接效应	*bias*	−0.0157	−0.3573	−0.1005 ***	−2.5955	−0.0556	−1.4112
	ln *k/l*	0.1334	1.4274	0.5857 ***	7.2249	−0.3927 ***	−3.4657
	ln *rgdp*	0.0197	0.1693	−1.8942 ***	−4.8731	0.7352 ***	4.3603
	ln *str*	−0.2036	−1.6366	−0.7984 ***	−6.4444	0.0963	0.8260
	ln *gov*	0.1462 *	1.7624	0.4943 ***	3.6530	0.0783	1.0694
	ln *trade*	−0.0777 ***	−2.7040	0.1060 ***	4.5595	−0.1519 ***	−5.1243
总效应	*bias*	−0.1503 ***	−2.9344	−0.2072 ***	−5.6074	−0.1044 **	−2.2349
	ln *k/l*	−0.0005	−0.0048	0.8389 ***	7.8518	−0.5024 ***	−3.6656
	ln *rgdp*	−0.1255	−1.1174	−2.1993 ***	−6.3239	0.6792 ***	3.5523
	ln *str*	−0.1186	−0.8916	−0.8013 ***	−5.6839	0.0861	0.6558
	ln *gov*	0.3968 ***	3.4293	1.0314 ***	7.4096	0.0453	0.7306
	ln *trade*	−0.1645 ***	−6.0874	0.0449	1.5639	−0.1855 ***	−5.7737

注：作者根据Matlab软件回归结果整理得到。

五、稳健性检验

为了检验实证结果的稳健性，本书采用替换变量的方式重新进行实证检验。具体来说，为了防止劳动收入份额的不同核算方法对本书实证结果带来的影响，本书将生产税净额包含在收入法GDP中，重新计算劳动收入份额，并使用空间杜宾模型（SDM）进行实证分析。空间效应分解结果如表7.6所示。

表7.6　稳健性检验（替换变量）的空间效应分解结果

变量		全国	东部	中部	西部
直接效应	*bias*	−0.0954 *** (−6.2462)	−0.1495 *** (−4.8579)	−0.1245 *** (−3.4220)	−0.0519 *** (−2.9881)
	ln *k/l*	−0.0939 *** (−4.0529)	−0.1553 *** (−3.1010)	0.2199 *** (3.7674)	−0.1131 *** (−2.9825)
	ln *rgdp*	−0.1874 *** (−4.1297)	−0.1509 * (−1.7746)	−0.1016 (−0.5723)	−0.1297 ** (−2.1846)
	ln *str*	0.1945 *** (4.8996)	0.1702 ** (2.3697)	0.0638(0.6793)	0.0504 (0.9633)
	ln *gov*	0.0390 (1.2860)	0.2120 *** (4.5439)	0.5623 *** (5.0626)	−0.0803 * (−1.7448)
	ln *trade*	−0.0661 *** (−5.9078)	−0.1040 *** (−5.1096)	−0.0551 ** (−2.2649)	−0.0366 *** (−2.8128)
间接效应	*bias*	−0.0898 ** (−2.2781)	−0.0039 −0.0884)	−0.1030 ** (−2.4421)	−0.0661 * (−1.8167)
	ln *k/l*	−0.0366 (−0.5628)	0.0696 (0.7292)	0.7267 *** (8.1103)	−0.4398 *** (−4.2244)
	ln *rgdp*	0.2610 *** (2.7838)	0.0804 (0.6949)	−2.5239 *** (−5.9539)	0.8713 *** (5.5715)
	ln *str*	0.0623 (0.6932)	−0.0976 (−0.7782)	−0.8742 *** (−6.4466)	0.1079 (0.9965)
	ln *gov*	0.0465 (0.7264)	0.1862 ** (2.1377)	0.4872 *** (3.29717)	0.1041 (1.4774)
	ln *trade*	−0.0998 *** (−3.7771)	−0.0566 ** (−1.9785)	0.1118 *** (4.4009)	−0.1602 *** (−5.7853)
总效应	*bias*	−0.1852 *** (−4.0904)	−0.1535 *** (−2.8692)	−0.2275 *** (−5.6451)	−0.1180 *** (−2.7581)
	ln *k/l*	−0.1306 * (−1.8415)	−0.0856 (−0.7552)	0.9465 *** (7.9584)	−0.5528 *** (−4.3990)
	ln *rgdp*	0.0737 (0.7852)	−0.0705 (−0.6016)	−2.6255 *** (−6.8374)	0.7416 *** (4.2274)
	ln *str*	0.2567 *** (2.5959)	0.0725 (0.5251)	−0.8104 *** (−5.2045)	0.1583 (1.3181)
	ln *gov*	0.0855 (1.2210)	0.3982 *** (3.2876)	1.0495 *** (6.9062)	0.0237 (0.4185)
	ln*trade*	−0.1659 *** (−5.5883)	−0.1607 *** (−5.6871)	0.0568 * (1.8103)	−0.1969 *** (−6.6760)

注：作者根据Matlab软件回归结果整理得到。

对照表7.6与表7.4、表7.5可知，核心解释变量技术进步偏向指数（*bias*）的空间效应分解结果并无实质性差异，具体地，从全国样本的分解结果来看，技术进步偏向指数（*bias*）的直接效应为-0.0954，间接效应为-0.0898，总效应为 -0.1852，而且空间效应分解结果都十分显著，这说明技术进步偏向不仅仅对本地区劳动收入份额产生显著的负向影响，而且对邻近地区的劳动收入份额也能产生显著的负向空间溢出作用。从地区分组样本的分解结果来看，技术进步偏向对劳动收入份额的负向影响存在显著的地区差异，从直接效应看，东、中、西部地区的负向效应分别为-0.1495、-0.1245、-0.0519，空间效应分解结果都十分显著，东、中部地区的负向效应明显大于西部地区；从间接效应看，东、中、西部地区的负向效应分别为-0.0039、-0.1030、-0.0661，东部地区的空间效应分解结果不显著，中、西部地区的负向效应明显大于东部地区；从总效应看，东、中、西部地区的负向效应分别为-0.1535、　-0.2275、-0.1180，空间效应分解结果都十分显著，东、中部地区的负向效应明显大于西部地区。以上结果说明尽管替换了被解释变量，本书的实证结果仍然是稳健的。

另外，考虑到使用空间邻接矩阵（W_c）能提供的空间位置信息相对较少，很难完全体现地区间的真实位置，而空间地理距离矩阵（W_d）虽然能更准确地反映地区间的真实位置，但该权重矩阵没有考虑到不同地区经济发展水平所起的作用，为了弥补以上两种空间权重矩阵的不足，本书还运用空间经济距离权重矩阵（W_e）对研究结论进行稳健性分析，结果如表7.7所示。

由表7.7可知，虽然变换了空间权重矩阵，但是核心解释变量技术进步偏向指数（*bias*）的空间溢出效应系数并无实质性差异，具体来说，从全国样本的分解结果来看，技术进步偏向指数（*bias*）的直接效应为-0.0909，间接效应为-0.0771，总效应为-0.1680，而且空间效应分解结果都十分显著，这说明技术进步偏向不仅仅对本地区劳动收入份额产生显著的负向影响，而且对邻近地区的劳动收入份额也能产生显著的负向空间溢出作用。从地区分组样本的分解结果来看，技术进步偏向对劳动收入份额的负向影响存在显著的地区差异，从直接效应来看，东、中、西部地区的负向效应分别为-0.1159、-0.1369、-0.0414，空间效应分解结果都十分显著，东、中部地区较大，西部地区较小（绝对值）；从间接效应来看，东、中、西部地区的负向效应分别为-0.0386、-0.1345、-0.0643，空间效应分解结果都十分显著，东部地区较小，中、西部地区较大（绝对值）；从总效应来看，东、中、西部地区的负向效应分别为-0.1545、-0.2714、-0.1058，空间效应分解结果都十分显著，东、中部地区较大，西部地区较小（绝对值）。以上结果进一步说明尽管将空间邻接矩阵替换为空间经济距离权重矩阵，本书的实证结果仍然是稳健的。

总之，通过以上几种稳健性检验进一步证实了本书研究结论的稳健性，也即是说，技术进步偏向不仅对本地区劳动收入份额产生显著的负向影响，而且对邻近地区的劳动收入份额也能产生不利作用。另外，分地区样本的稳健性研究结果表明，技术进步偏向对劳动收入份额的负向影响存在显著的地区差异，从直接效应看，东、中部地区的负向效应明显大于西部地区；从间接效应看，中、西部地区的负向效应明显大于东部地区；从总效应看，东、中部地区的负向效应明显大于西部地区。这一研究结论对我国劳动收入份额分布的空间差异有较好的解释作用。

表 7.7　稳健性检验（替换权重矩阵）的空间效应分解结果

变量		全国	东部	中部	西部
直接效应	*bias*	−0.0909 *** (−5.7609)	−0.1159 *** (−3.4978)	−0.1369 *** (−3.7497)	−0.0414 ** (−2.1797)
	ln *k/l*	−0.0766 *** (−3.4152)	−0.2119 *** (−4.8678)	0.0868 (1.5559)	0.0165 (0.3501)
	ln *rgdp*	0.0086 (0.2774)	0.1085 * (1.9546)	−0.3325 *** (−3.7413)	−0.3116 *** (−4.0554)
	ln *str*	0.1597 *** (4.2999)	0.1556 ** (2.2270)	0.2375 *** (3.4693)	0.0308 (0.4503)
	ln *gov*	0.1418 *** (5.4204)	0.3098 *** (7.0880)	0.3341 *** (3.6567)	−0.0460 (−0.9362)
	ln *trade*	−0.0693 *** (−6.8047)	−0.1178 *** (−6.9315)	−0.0728 *** (−2.7728)	−0.0335 ** (−2.5673)

续　表

变量		全国	东部	中部	西部
间接效应	*bias*	−0.0771 *** (−4.1955)	−0.0386 ** (−2.3453)	−0.1345 *** (−2.9628)	−0.0643 ** (−2.5414)
	ln *k/l*	−0.0651 *** (−2.8838)	−0.0722 ** (−2.3636)	0.0850 (1.4556)	−0.3474 *** (−4.1465)
	ln *rgdp*	0.0078 (0.2884)	0.0378 (1.4739)	−0.3248 *** (−3.1424)	0.7934 *** (6.3068)
	ln *str*	0.1348 *** (3.7012)	0.0513 * (1.8049)	0.2326 *** (2.9249)	−0.0406 (−0.4267)
	ln *gov*	0.1205 *** (3.9465)	0.1038 *** (2.8583)	0.3267 *** (3.0860)	0.0379 (0.6295)
	ln *trade*	−0.0587 *** (−4.8044)	−0.0392 *** (−3.0228)	−0.0709 ** (−2.4955)	−0.1802 *** (−7.9976)
总效应	*bias*	−0.1680 *** (−5.3789)	−0.1545 *** (−3.4408)	−0.2714 *** (−3.4698)	−0.1058 *** (−4.2925)
	ln *k/l*	−0.1417 *** (−3.2666)	−0.2841 *** (−4.2740)	0.1719 (1.5256)	−0.3308 *** (−5.2793)
	ln *rgdp*	0.0163 (0.2837)	0.1463 * (1.8693)	−0.6573 *** (−3.6061)	0.4818 *** (5.3480)
	ln *str*	0.2946 *** (4.2591)	0.2069 ** (2.2261)	0.4701 *** (3.3186)	−0.0098 (−0.1262)
	ln *gov*	0.2623 *** (4.9811)	0.4136 *** (6.3979)	0.6608 *** (3.5247)	−0.0081 (−0.1989)
	ln *trade*	−0.1280 *** (−6.4449)	−0.1570 *** (−6.8469)	−0.1438 *** (−2.7161)	−0.2137 *** (−9.7021)

注：作者根据Matlab软件回归结果整理得到。

小　结

本章基于技术进步偏向空间扩散视角，运用空间杜宾模型（SDM）实证研究了我国劳动收入份额存在地区差异的原因，结果表明：（1）从全国层面看，其不仅对本地区劳动收入份额存在显著的负向影响，而且对邻近地区也存在显著的负向影响。（2）分地区研究结果表明，其对劳动收入份额的负向影响存在显著的地区差异，从直接效应看，东、中部地区的负向效应明显大于西部地区；从间接效应看，中、西部地区的负向效应明显大于东部地区；从总效应看，东、中部地区的负向效应明显大于西部地区。（3）控制变量的研究结果表明，人均GDP、产业结构、政府支出对劳动收入份额有正向影响，而人均资本存量对其有负向影响，进出口总额对其影响不显著。

主要的政策启示有：（1）由于技术进步偏向对劳动收入份额存在负向影响效应，各地区在技术选择时不能只关注技术的先进性，还应重视技术进步的方向，地方政府应该通过合适的技术创新政策引导企业技术创新与本地区要素禀赋结构相匹配，使本地区劳动收入份额得到改善。（2）除了直接负向效应，技术进步偏向对邻近地区的劳动收入份额还存在负向空间溢出效应，这种负向空间溢出效应部分来源于技术进步偏向的空间扩散，从其他地区引进的先进技术往往具有输出地的要素偏向特征，地方政府在制定引进技术政策时应注意引导企业对引进技术的吸收、改造及二次创新，使引进技术的要素偏向特征与本地区要素禀赋结构相适应，这不仅有利于技术效率的有效发挥，还有利于地区劳动收入份额的改善。（3）技术进步偏向对邻近地区的劳动收入份额的负向空间溢出效应部分来源于技能劳动的空间流动，对于欠发达地区来说，需要营造良好的就业环境，不断完善本地区技能劳动培训制度，防止技能劳动流失；对于发达地区来说，重点要注意改善劳动力数量和质量的供求矛盾，充分考虑地区经济发展与技能劳动结构失衡问题，提前做好本地区人力资本长期发展规划。

结　论

从20世纪90年代中期以来，我国劳动收入份额下滑明显，1996年按收入法GDP计算的劳动收入份额为53.4%，直到2007年达到39.7%的最低水平，降幅达25.7%。虽然自2007年之后有所上升，但一直处于低水平徘徊状态，到2017年为止也只有大约47%，这远比世界上大多数国家劳动收入份额55%—65%的水平要低很多。另外，我国劳动收入份额呈现明显的区域差异，欠发达地区劳动收入份额较高，发达地区较低。劳动收入份额问题属于要素初次分配领域的问题，而初次分配是二次分配的基础，初次分配失衡势必影响二次分配，并直接对社会贫富差距有重大影响。从扩大内需的角度看，由于现阶段大多数人的收入来源主要依靠劳动收入，依靠财富或资本作为主要收入来源的人比重较小，所以劳动收入份额偏低必然会使社会总消费的数量和质量受到影响，从而对进一步扩大内需与促进需求升级有一定的负面效应，这对新常态下挖掘经济增长新动力极为不利。从优化经济结构角度看，劳动收入份额偏低在使得社会总消费能力偏低的同时，社会总储蓄增长过快，而社会总储蓄容易转化成投资，从而使得经济增长形成低消费、高储蓄、高投资的不良局面，这显然不利于经济结构的优化以及经济长期健康发展。正是由于以上几点原因，探索劳动收入份额变动的决定因素及影响机制成为要素收入份额研究领域的一个热点，而技术进步偏向作为比较重要的因素受到大量关注。因为从投入产出角度来看，要素分配结构与要素的投入结构及生产技术密切相关，然而，在要素禀赋既定的条件下，技术进步并不一定会以相同的速度来提高每一种要素的效率，当技术进步对不同要素的效率产生非对称性影响时，技术进步便呈现出一定的偏向性，故其对劳动收入份额变动有重要影响。有鉴于此，本书首先通过统计分解的方法分析我国技术进步偏向对劳动收入份额变动的贡献程度；并进一步分析了我国技术进步偏向产生的内源性影响因素和外源性影响因素；基于技术进步偏向产生的原因，本书深入分析了其对异质性劳动收入份额的差异化影响，以及其对劳动收入份额影响的空间溢出效应及其区域差异。主要研究结论为：

（1）本书首先分析了技术进步偏向对劳动收入份额影响的理论机制，然后利用1978—2017年我国整体数据和省际数据估计了要素替代弹性，并以此测算了我国整体及省际技术进步偏向指数，最后在此基础上利用结构分解法将劳动收入份额变动分解为技术进步偏向因素的作用和要素投入变动因素的作用。结果表明：①对于要素替代弹性，我国资本与劳动要素总体呈现互补关系；省际数据的估算结果表明只有个别省份的资本与劳动呈现替代关系。②对于技术进步偏向，从变化趋势看，1984年之前中国技术进步呈现劳动偏向特征，1984年之后的绝大多数时间中国技术进步呈现资本偏向特征，2008年之后技术进步呈现较弱的劳动偏向特征；从分地区特征来看，东部地区偏向资本的程度较小，中西部地区偏向资本的程度较大。③从影响劳动收入份额变动的因素分解看，劳动收入份额变动受要素投入变动因素和技术进步偏向因素的共同作用，其中技术进步偏向因素是主导因素。

（2）由于技术进步偏向是劳动收入份额变动的重要影响因素，因此想改善劳动收入份额，必须要明确技术进步偏向的来源。基于此，本书从理论上系统分析了要素价格扭曲对技术进步偏向的影响，然后通过面板数据模型与门限模型实证分析了这一影响。结果表明：要素相对价格扭曲对技术进步偏向存在显著的影响，且存在明显的地区差异，东部地区影响最小，中部地区影响较大，而西部地区影响最大；进一步通过面板门限模型的实证分析表明要素相对价格扭曲对技术进步偏向的影响并不是简单的线性关系，而是存在要素与技术匹配度的双重门限效应，这种双重门限构成了要素与技术匹配度的合理区间，在要素与技术匹配度的合理范围内，要素相对价格扭曲的影响效应较弱，而在低于或高于要素匹与技术配度的合理范围时，要素相对价格扭曲的影响效应较强。

（3）除了要素价格扭曲之外，技术进步偏向有可能随着技术的扩散从发达地区向欠发达地区产生空间扩散现象，故本书首先对技术进步偏向的空间扩散进行了系统的理论分析，然后通过构建面板平滑迁移模型（PSTR）对技术进步偏向空间扩散的非线性特征进行了实证检验。结果表明，如果要素禀赋不发生改变，技术进步偏向会随技术的空间扩散而产生扩散现象。但由于引进地区会对引进技术进行消化、吸收，这导致原有技术的要素偏向性在扩散过程中发生改变，故技术进步偏向的空间扩散呈现出显著的非线性特征。而且，当技术创新模式为适宜性创新模式时，引进地区对引进技术的消化、吸收能力较强，引进技术原有偏向性会发生较大改变，这时，其空间扩散效应较小；反之较大。

（4）在人们对人力资本进行大量投入的今天，个体的受教育程度、技能掌握情况和工作经验等存在较大差异，劳动力表现出明显的异质性特征。基于此，本书利用1996—2016年省际面板数据分析了技术进步偏向对异质性劳动收入份额的影响。通过构建动态面板模型的实证分析表明，技术进步偏向对整体劳动收入份额产生显著的负向影响；进一步通过联立方程组模型进行实证研究表明，尽管其对劳动收入份额的影响整体上是负向，但是其最终不利于非技能劳动收入份额的提高，而对技能劳动收入份额的提高有正向作用。产生这种非对称性影响的原因在于随着技术进步偏向资本，资本的边际产出相对增大，企业一方面更多地使用资本以替代非技能劳动，另一方面，为了让资本与技能劳动通过有效组合来安排生产，企业在更多使用资本的同时也更多地使用技能劳动，与此同时，企业提高了技能劳动工资溢价，从而技术进步偏向对技能劳动与非技能劳动收入份额产生非对称性影响。

（5）我国劳动收入份额区域差异明显，探索劳动收入份额区域差异产生的原因对解决我国要素收入分配失衡十分关键。针对这一问题，本书以1996—2017年省际数据为样本，运用空间杜宾模型（SDM）分析了技术进步偏向对我国劳动收入份额影响的空间溢出效应及区域差异。结果发现，从全国层面看，其不仅对本地区劳动收入份额存在显著的负向影响，而且对邻近地区的劳动收入份额存在显著的负向影响。分地区研究结果表明，其对劳动收入份额的负向影响存在明显的地区差异，从直接效应看，东、中部地区的负向影响效应明显大于西部地区；从间接效应看，中、西部地区的负向影响效应明显大于东部地区；从总效应看，东、中部地区的负向影响效应明显大于西部地区。

基于本书的研究结论，从技术进步偏向角度提出改善我国劳动收入份额的对策：

第一，由于当前阶段技术进步偏向对劳动收入份额的变化有不利影响，政府应通一定的投资政策引导资金向资本效率较高的投资项目倾斜，以扭转技术进步过度偏向资本的局面，从而使劳动收入份额得到改善。以中国改革开放40年的经济发展为例，大规模投资导致中国资本深化程度显著增加，这种粗放式的资本要素投入导致中国产业规模迅速扩大，尤其是制造业产能迅速提升，但整体上，我国资本效率明显要低于劳动效率。这种资本效率增长迟缓导致的"资本低效率陷阱"严重削弱了中国全要素生产率（TFP）的增长速度。由于资本大量进入低TFP行业，结果出现产品附加值低、产品竞争力弱、产品在全球价值链中长期处于低端、国内重复建设严重、部分行业产能过剩等问题。因此通过引导资金向资本效率较高的项目倾斜不仅可以倒逼企业通过技术创新提高资本效率，避免"资本低效率陷阱"的出现，还可以扭转技术进步过度偏向资本，从而改善劳动收入份额。

第二，完善人才培养机制和劳动技能培训制度，提高劳动者整体素质。随着中国工业化的推进，未来较长时间内中国资本深化程度将进一步加深，这是工业化过程中的必然趋势，所以技术进步的资本偏向特性也将是经济发展的趋势，但随着中国经济进入后工业化时期，资本深化不仅是资本数量上的提高，更重要的是资本质量的提升，尤其是先进资本设备的升级、换代，此时经济发展对劳动者的整体素质和技能水平提出了更高的要求。因此，进一步完善人才培养和劳动技能培训机制，尤其要完善产学研相结合的联合人才培养机制，提高劳动者整体素质和技能水平，提高技能劳动在劳动总数中的比例，通过提升劳动供给质量提高劳动报酬，进而有效改善劳动收入份额。

第三，鉴于资本与异质性技能劳动的互补性呈现出一种分层现象，随着经济发展阶段的不断升级，异质性技能劳动在经济发展中的作用将更加凸显，政府和社会对异质性技能劳动的投入将更加重视，异质性技能劳动的培训也对现代职业技能教育培训体系提出了更加多元化的要求。

第四，由于技术进步偏向对劳动收入份额有直接负向影响效应，各地区在技术选择时不能只关注技术的先进性，还应重视技术进步的方向，地方政府应该通过合适的技术创新政策引导企业技术创新与本地区要素禀赋结构相匹配，使本地区劳动收入份额得到改善。除了直接负向效应，技术进步偏向对邻近地区的劳动收入份额还存在负向空间溢出效应，这种负向空间溢出效应部分来源于技术进步偏向的空间扩散，从其他地区引进的先进技术往往具有输出地的要素偏向特征。地方政府在制定引进技术政策时应注意引导企业对引进技术的吸收、改造及二次创新，使引进技术的要素偏向特征与本地区要素禀赋结构相适应，这不仅有利于技术效率的有效发挥，还有利于地区劳动收入份额的改善。另外，技术进步偏向对邻近地区的劳动收入份额的负向空间溢出效应部分来源于技能劳动的空间流动，对于欠发达地区来说，需要营造良好的就业环境，不断完善本地区技能劳动培训制度，防止技能劳动流失；对于发达地区来说，重点要注意改善劳动力数量和质量的供求矛盾，充分考虑地区经济发展与技能劳动结构失衡问题，提前做好本地区人力资本长期发展规划。

主要参考文献

英文参考文献

[1] ACEMOGLU D. An introduction to modern economic growth[M]. Princeton University Press, 2009.

[2] ACEMOGLU D. Directed technical change[J]. Review of Economic Studies, 2002, 69(4):781–809.

[3] ACEMOGLU D. Labor– and capital–augmenting technical change[J]. Journal of the European Economic Association, 2003, 1(1):1–37.

[4] ACEMOGLU D. Patterns of skill premia[J]. The Review of Economic Studies, 2003, 70(2):199–230.

[5] ACEMOGLU D.Technical change,inequality and the labor market[J]. Journal of Economic Literature, 2002, 40(1):7–72.

[6] ACEMOGLU D . When does labor scarcity encourage innovation?[J]. Journal of Political Economy, 2010, 118(6):1037–1078.

[7] ACEMOGLU D . Why do new technologies complement skills? directed technical change and wage inequality[J]. The Quarterly Journal of Economics, 1998, 113(4):1055–1089.

[8] ACEMOGLU D, AGHION P, HEMOUS B D. the environment and directed technical change[J]. American Economic Review, 2012, 102(1):131–166.

[9] BENTOLILA S, SAINT–PAUL G. Explaining movements in the labor share [J]. Contributions to Macroeconomics, 2003, 3(1):1103–1103.

[10] BERMAN E, BOUND J, GRILICHES Z. Changes in the demand for skilled labor within u.s. manufacturing industries: evidence from the annual survey

of manufacturing[J]. Social Science Electronic Publishing, 1994, 109(02):367–397.

[11] BERMAN E, MACHIN S. Skill–biased technology transfer around the world[J]. Oxford Review of Economic Policy, 2000, 16(3):12–22.

[12] BERNDT E R, CHRISTENSEN L R. Testing for the existence of a consistent aggregate index of labor inputs[J]. American Economic Review, 1974, 64(3): 391–404.

[13] BLANCHARD O, GIAVAZZI F. Macroeconomic effects of regulation and deregulation in goods and labor markets[J]. Quarterly Journal of Economics, 2003, 118 (3) :879–907.

[14] BRANDT L, BIESEBROECK J V, ZHANG Y. Creative accounting or creative destruction? firm–level productivity growth in chinese manufacturing[J]. Journal of Development Economics, 2012, 97(2):339–351.

[15] ELHORST J P. Applied spatial econometrics: raising the bar[J]. Spatial Economic Analysis, 2010, 5(1):9–28.

[16] GRILICHES Z. Capital–skill complementarity[J]. The Review of Economics and Statistics, 1969, 51(11):465–468.

[17] KALDOR N. Capital accumulation and economic growth[M]. London:Macmillan, 1961.

[18] KLUMP R, MCADAM P,WILLMAN A. Factor substitution and factor–augmenting technical progress in the united states:a normalized supply–side system approach[J]. Review of Economics and Statistics, 2007, 89 (1):183–192.

[19] KLUMP R, MCADAM P, WILLMAN A. Unwrapping some euro area growth puzzles: factor substitution, productivity and unemployment[J]. Journal of Macroeconomics, 2008, 30(2):645–666.

[20] KMENTA J. On estimation of the ces production function[J]. International Economic Review, 1967, 8(2):180–189.

[21] LEÓN–LEDESMA, MIGUEL A, MCADAM P, WILLMAN A. Identifying the elasticity of substitution with biased technical change[J]. American Economic Review, 2010, 100(4):1330–1357.

中文参考文献

[1] 白重恩，钱震杰.谁在挤占居民的收入：中国国民收入分配格局分析［J］.中国社会科学，2009（05）：99-115，206.

[2] 陈宇峰，贵斌威，陈启清.技术进步偏向与中国劳动收入份额的再考察［J］.经济研究，2013，48（06）：113-126.

[3] 戴天仕，徐现祥.中国的技术进步方向［J］.世界经济，2010，33（11）：54-70.

[4] 邓明.人口年龄结构与中国省际技术进步方向［J］.经济研究，2014，49（03）：130-143.

[5] 董直庆，焦翠红，王林辉.技术进步偏向性跨国传递效应：模型演绎与经验证据［J］.中国工业经济，2016（10）：74-91.

[6] 冯其云.贸易开放、技术进步与劳动收入份额——基于我国省域数据的空间面板计量分析［J］.财经科学，2013（05）：115-124.

[7] 傅晓霞，吴利学.偏性效率改进与中国要素回报份额变化［J］.世界经济，2013，36（10）：79-102.

[8] 郭凯明.人工智能发展、产业结构转型升级与劳动收入份额变动［J］.管理世界，2019，35（07）：60-77，202-203.

[9] 胡秋阳.产业分工与劳动报酬份额［J］.经济研究，2016，51（02）：82-96.

[10] 黄先海，徐圣.中国劳动收入比重下降成因分析：基于劳动节约型技术进步的视角［J］.经济研究，2009，44（07）：34-44.

[11] 贾珅，申广军.企业风险与劳动收入份额：来自中国工业部门的证据［J］.经济研究，2016，51（05）：116-129.

[12] 简泽，黎德福，沈筠彬，吕大国.不完全竞争的收入分配效应研究：一个融合产品—劳动力市场的视角［J］.中国工业经济，2016（01）：21-36.

[13] 孔宪丽，米美玲，高铁梅.技术进步适宜性与创新驱动工业结构调整：基于技术进步偏向性视角的实证研究［J］.中国工业经济，2015（11）：62-77.

［14］雷钦礼.偏向性技术进步的测算与分析［J］.统计研究，2013，30（04）：83-91.

［15］李稻葵，刘霖林，王红领.GDP中劳动份额演变的U型规律［J］.经济研究，2009，44（01）：70-82.

［16］林毅夫，张鹏飞.适宜技术、技术选择和发展中国家的经济增长［J］.经济学（季刊），2006（03）：985-1006.

［17］刘胜，顾乃华，陈秀英.全球价值链嵌入、要素禀赋结构与劳动收入占比：基于跨国数据的实证研究［J］.经济学家，2016（03）：96-104.

［18］刘亚琳，茅锐，姚洋.结构转型、金融危机与中国劳动收入份额的变化［J］.经济学（季刊），2018，17（02）：609-632.

［19］陆雪琴，文雁兵.偏向型技术进步、技能结构与溢价逆转：基于中国省级面板数据的经验研究［J］.中国工业经济，2013（10）：18-30.

［20］罗长远，张军.经济发展中的劳动收入占比：基于中国产业数据的实证研究［J］.中国社会科学，2009（04）：65-79，206.

［21］潘文卿，吴天颖，胡晓.中国技术进步方向的空间扩散效应［J］.中国工业经济，2017（04）：17-33.

［22］王林辉，袁礼.有偏型技术进步、产业结构变迁和中国要素收入分配格局［J］.经济研究，2018，53（11）：115-131.

［23］王雄元，黄玉菁.外商直接投资与上市公司职工劳动收入份额：趁火打劫抑或锦上添花［J］.中国工业经济，2017（04）：135-154.

［24］魏下海，董志强，蓝嘉俊.地区性别失衡对企业劳动收入份额的影响：理论与经验研究［J］.世界经济，2017，40（04）：129-146.

［25］文雁兵，陆雪琴.中国劳动收入份额变动的决定机制分析：市场竞争和制度质量的双重视角［J］.经济研究，2018，53（09）：83-98.

［26］伍山林.收入分配格局演变的微观基础：兼论中国税收持续超速增长［J］.经济研究，2014，49（04）：143-156.

［27］杨翔，李小平，钟春平.中国工业偏向性技术进步的演变趋势及影响因素研究［J］.数量经济技术经济研究，2019，36（04）：101-119.

［28］杨昕.二元户籍制度下农村劳动力转移对劳动收入占比变动的影响［J］.人口研究，2015，39（05）：100-112.

［29］姚毓春，袁礼，王林辉．中国工业部门要素收入分配格局：基于技术进步偏向性视角的分析［J］．中国工业经济，2014（08）：44-56.

［30］袁礼，欧阳峣．发展中大国提升全要素生产率的关键［J］．中国工业经济，2018（06）：43-61.

［31］张少军．全球价值链降低了劳动收入份额吗：来自中国行业面板数据的实证研究［J］．经济学动态，2015（10）：39-48.

［32］章上峰，陆雪琴．中国劳动收入份额变动：技术进步偏向抑或市场扭曲［J］．经济学家，2016（9）：15-24.

［33］邹薇，袁飞兰．劳动收入份额、总需求与劳动生产率［J］．中国工业经济，2018（02）：5-23.